《中国特色社会主义论丛》第一辑编委会

顾　问：（以姓氏笔画为序）

俞思念　秦在东　聂运麟　曹　阳
谢守成

编委会主任委员： 刘从德

编委会委员：（以姓氏笔画为序）：

丁　茜　万美容　尤学工　王建国
申国昌　刘从德　刘宏达　张凤华
陈荣卓　涂正革　符　平

主　编： 赵凌云

本辑执行编辑： 薛　惠　孟　飞　常　泓　赵云逸

湖北省中国特色社会主义理论体系研究中心华中师范大学分中心　主办

中国特色社会主义论丛

ZHONGGUO TESE SHEHUI ZHUYI LUNCONG

第一辑

赵凌云 / 主编

华中师范大学出版社

新出图证(鄂)字 10 号

图书在版编目(CIP)数据

中国特色社会主义论丛.第一辑/赵凌云主编.—武汉:华中师范大学出版社,2021.6
ISBN 978-7-5622-4172-0

Ⅰ.①中… Ⅱ.①赵… Ⅲ.①中国特色社会主义—理论研究—文集 Ⅳ.①D610-53

中国版本图书馆 CIP 数据核字(2021)第 098264 号

中国特色社会主义论丛 第一辑
ⓒ 赵凌云 主编

责任编辑:曾 艳 责任校对:王 炜	封面设计:胡 灿
编 辑 室:学术出版中心	电话:027-67867792

出版发行:华中师范大学出版社
社址:湖北省武汉市洪山区珞喻路 152 号 邮编:430079
电话:027-67863040(发行部) 027-67861321(邮购)
传真:027-67863291
网址:http://press.ccnu.edu.cn 电子邮箱:press@mail.ccnu.edu.cn
印刷:湖北新华印务有限公司 督印:刘 敏
字数:160 千字
开本:787mm×1092mm 1/16 印张:10
版次:2021 年 6 月第 1 版 印次:2021 年 6 月第 1 次印刷
定价:35.00 元

欢迎上网查询、购书

敬告读者:欢迎举报盗版,请打举报电话 027-67867353

中心介绍

2014年，根据湖北省委宣传部关于"湖北省中国特色社会主义理论体系研究中心建设方案"的通知要求（以下简称"省中特中心"），我校成立了"湖北省中国特色社会主义理论体系研究中心华中师范大学分中心"（以下简称"华师分中心"）。成立以来，"华师分中心"在"省中特中心"指导下，在华中师范大学党委的直接领导下，研究条件日趋完善、研究平台有效拓宽、研究队伍不断壮大，为研究传播中国特色社会主义作出了积极贡献。

多年来，学校高度重视分中心各项工作，将该项工作列为学校重点和中心工作。经学校研究讨论，由校党委书记赵凌云同志担任分中心主任，统领分中心各项建设和发展；由刘从德教授担任分中心常务副主任负责各项具体事务，涂正革、符平、徐增阳、王建国、尤学工等教授担任中心副主任；由社科处副处长刘中兴同志担任分中心秘书，负责分中心管理协调。学校办公室负责分中心年度规划和长远计划征集、协调和制定，具体活动策划和实施，以及处理日常工作。

学校制定了《湖北省中国特色社会主义理论体系研究中心华中师范大学分中心成果奖励办法（试行）》，明确了奖励方案等，提高了分中心研究人员科研积极性。学校每年给分中心划拨10万元建设经费。

成立以来，"华师分中心"获得国家级和省部级课题近20项，资助经费约700万元。学校充分发挥马克思主义理论、科学社会主义、党史党建、政治学、经济学、社会学等学科优势，举办多次有重要影响的国际国内学术会议。分中心研究人员将自身研究方向和分中心年度研究计划相结合，认真开展研究工作，产出了一批重要学术著作和论文。同时，分中心充分发挥理论宣传阐释示范带动作用，组织中心专家进乡镇社区、机关事业单位、企业宣讲习近平新时代中国特色社会主义思想。

目 录

【立德树人贯穿于学科体系研究】（主持人：万美容）

加强马克思主义理论学科建设　推动立德树人根本目标实现 ……………
……………………………………………………………………… 孟　飞(1)

【立德树人贯穿于教学体系研究】（主持人：刘从德）

立德树人视域下"基础"课教学的整体优化设计 ………………… 郭巧云(12)
立德树人融入马克思主义基本原理课程教学的新型载体创设 ……………
……………………………………………………………………… 刘祖锋(24)
立德树人维度下"纲要"课教学创新研究 ………………………… 李晶洁(34)
立德树人贯穿于思想政治理论课教学体系研究 …………………… 曾　艳(44)
立德树人视域下高校思政课课堂教学模式创新探析 ……………… 陈　艳(55)
立德树人视域下高校思政课教学的困境与对策 …………………… 谭春霞(66)

【立德树人贯穿于教材体系研究】（主持人：申国昌）

立德树人贯穿于基础教育思政课教材体系研究 …… 申国昌　赵　凯(76)
立德树人理念下高校德育教材建设研究 …………… 史贺迪　王　帅(94)
立德树人贯穿于高校思想政治理论课教材体系研究 ……………………
………………………………………… 薛　惠　彭伊雯　史降云(106)

【立德树人贯穿于评价体系研究】（主持人：刘宏达）

高校立德树人评价的科学内涵、基本特征与机制构建 ……… 刘宏达(116)
立德树人贯穿于师范生培养评价体系研究 …………………… 赵芸逸(130)
高校立德树人评价机制的构建逻辑和实施策略 ……………… 王　荣(137)

【立德树人贯穿于学科体系研究】

加强马克思主义理论学科建设推动立德树人根本目标实现

孟 飞

(华中师范大学，湖北 武汉 430079)

摘　要：马克思主义理论学科在中国虽然起步较晚，却突显出越来越重大的理论和实践意义。它不但是马克思主义学术研究的对象，也是党和国家事业发展指导思想的源泉，更是巩固马克思主义意识形态领导地位、推动立德树人根本目标实现的坚强阵地。马克思主义理论一级学科，经过十多年的建设，迈上了研究、教学、咨政的全新阶段，但是学科建设还存在一些阻滞，特别是为思想政治理论课服务力度不够的问题还很突出。为了适应党和国家的迫切要求，为了提升思想政治理论课教学效果，必须坚定不移大力发展马克思主义理论学科，为新时代中国特色社会主义建设育人铸魂。

关键词：马克思主义理论学科；立德树人；学科体系；思想政治教育

马克思主义理论的学科特点鲜明，它旨在研究马克思主义理论的各个维度、各个层面，整合马克思主义专业方向，指导哲学社会科学各学科建

作者简介：孟飞，男，华中师范大学马克思主义学院副教授，湖北省中国特色社会主义理论体系研究中心华师分中心研究员，主要从事马克思主义基本理论研究。

设，深刻把握经济社会发展的规律性知识，培育一批有理想、有担当、有道德、有能力、有学识的教师队伍，助推思想政治理论课在实现立德树人这一根本任务上发挥中流砥柱作用。尤其是应坚持育人为本，高扬立德树人的教育目标，切实把马克思主义学科建设与人才培养紧密结合在一起。

一、马克思主义理论学科的发展历程及主要成就

马克思主义理论自19世纪40年代创立以来，不断为世界无产阶级提供思想保障和革命动力。虽然19世纪末马克思的学说已传入中国，但严格意义上讲，直至新民主主义革命时期，中国共产党才将其作为知识系统加以研究和宣传[1]。新中国成立以后，为了适应社会主义建设的迫切需要，马克思主义理论得到了高度重视，在新式的社会主义高等教育机构，纷纷建立了马列主义教研室，开设了马克思主义课程，一批马克思主义理论专门人才成长起来，为学科整合发展、深入研究提供了组织和人才的双重保障。1998年，马克思主义发展转入以马克思主义理论与思想政治教育专业建设为核心的发展阶段。其中的标志性事件是"98方案"的实施。1998年，思想政治理论课与马克思主义理论学科互为依托的格局形成，思想政治理论课的学科地位得以确立。2005年，中宣部、教育部启动了高校思想政治理论课程新方案，下发《关于加强和改进高等学校思想政治理论课的意见》。同年，国务院学位委员会、教育部又下发《关于调整增设马克思主义理论一级学科及所属二级学科的通知》，作出了增设马克思主义理论一级学科的决定。这两个文件的接连颁布释放出明确信号：马克思主义理论学科正式诞生，全面加强马克思主义理论整体性研究，为思想政治理论课和思想政治工作提供学科支撑。这项体现国家意志的重大决策标志着中国马克思主义理论学科建设进入了前所未有的崭新阶段。在此基础上，党和国家进一步完善马克思主义理论学科建设的战略部署，不断细化学科发展的目标定位。2012年国务院学位委员会《关于进一步加强高校马克思主义理论学科建设的意见》、教育部《普通高校思想政治理论课建设标准》和2018年教育部《新时代高校思想政治理论课教学基本要求》都明确要求把马克思主义学科研究方向凝聚到为思想政治理论课教育教学服务上来。特别值得一提的是2019年3月18日，习近平总书记在人民大会堂主持召开学校思想政治理论课教师座谈会，强调要提高思想政治理论

课教师的理论素养、强化思想政治理论课的教学实效，必须加强马克思主义理论学科建设。不论是马克思主义理论在中国的发展进路，还是十多年来马克思主义理论学科的成型成熟，成就斐然。

第一，马克思主义理论学科规模得到空前提升。坚持以马克思主义为指导，是中国哲学社会科学的根本标志，这必然要求我们自觉地坚持和发展马克思主义。目前，全国大部分高等院校独立出了专门从事马克思主义理论教学研究的马克思主义学院或思政部，教师队伍得到补充和提升，一大批从事马克思主义教学研究的中青年人才涌现出来。截至2018年，全国高校一级学科博士学位授权点发展到80个，一级学科硕士学位授权点发展到273个。

第二，马克思主义理论学科体系丰富健全。经过十数年的探索和发展，马克思主义理论学科体系逐渐成熟定型，但又在不断打牢学科基础、拓宽研究领域、积淀学术底蕴。马克思主义理论学科在多项重大政策的指引下，学科构架日益完善，学科体系不断健全。目前，马克思主义理论学科已下辖7个学科方向（马克思主义基本原理、马克思主义中国化研究、国外马克思主义研究、马克思主义发展史、中国近现代史基本问题研究、党的建设和思想政治教育）。随着课程体系、教材体系、教学体系的规范与7个二级学科设置相配套的教学机构的设立和发展规划的布局，思想政治理论课的地位在高校中不断得到加强和完善[2]。另外，随着马克思主义研究路径的拓宽，研究水平的提高，马克思主义文学、法学、史学、新闻学、政治学、社会学、民族学、宗教学等多个学科领域都取得了一定进展，马克思主义理论学科群建设初见成效。

第三，马克思主义理论学科引领作用得到彰显。近年来，马克思主义理论学科的引领作用越来越明显，一方面，坚持以马克思主义为指导，是中国哲学社会科学的根本标志，在理论教学、学术研究、宣传思想工作中，马克思主义立场不动摇；另一方面，坚持和发展马克思主义的要旨是解决好培养什么人、怎样培养人、为谁培养人这个根本问题，坚持不懈用习近平新时代中国特色社会主义思想铸魂育人，筑牢新时代立德树人的鲜亮底色[3]。

总结一下，在马克思主义理论学科从创立到升格为一级学科再历经十多年蓬勃发展的过程中，我国马克思主义理论工作者队伍不断壮大，科学研究水平和理论创新能力不断提高，马克思主义学科建设取得丰硕成果。马克思主义学界深入研究和回答我国发展和我们党执政面临的重大理论和实践问题，推出了一大批重要学术成果，为加强思想政治教育提供了学理支撑[4]。

二、马克思主义理论学科建设与思想政治教育理论课双向互动的基本经验

马克思主义理论学科建设面临双重境遇：一是我们要加强基础理论研究来为党的建设、国家治理等实践重大问题作理论指南，二是必须加强思想教育的实践，以此深化我们对理论的认识，找到理论的缺失，为理论研究提供现实依据。从我国马克思主义理论学科诞生和发展的历程来看，我们积累了诸多有益的经验。人文社会科学的研究或多或少都有一定的意识形态性，它是社会存在基础在上层建筑的映射，我国的马克思主义理论建设始终保持社会主义方向，也始终为党和国家的发展大计服务。

其一，马克思主义理论学科建设以社会主义方向和党的坚强领导为根本保证。一个学科的健康发展，特别是人文社会科学的发展离不开党和国家的重视和投入，我们从马克思主义理论学科在近几十年的发展脉络深刻体会到党在马克思主义理论当中倾注的巨大期待。在我国高校各学科的发展进程中，党和国家从未像对待马克思主义理论学科和思想政治理论课那样聚全国之力研究、决策、指导[5]。正如习近平同志2019年3月18日在学校思想政治理论课教师座谈会上所指出的：我们党对思想政治工作高度重视，始终坚持马克思主义指导地位，大力推进中国特色社会主义学科体系建设，为思政课建设提供了根本保证。

其二，马克思主义理论学科建设正是实现了与社会主义改革和现代化建设实际的紧密结合。国家富强、社会稳定、人民幸福的国家局面为学科健康成长提供了沃土，因此，教育事业、学科建设与国运兴衰紧密关联。反过来说，马克思主义理论学科应担当何种责任？我们认为，时代的发展和中国改革开放现代化建设的实践，强烈要求马克思主义特别是中国化马克思主义的指导，这为马克思主义理论学科的发展和建设提供了强大的动力。新时代是当今马克思主义理论界面对的新际遇，和迎来的新的发展空间，以当代中国马克思主义、21世纪马克思主义与社会主义改革和现代

化建设相结合,是我们的基本经验[6],也是取得巨大成就的重要原因。

从以上基本经验中可以看出,马克思主义理论学科坚定不移地履行了学科应肩负的历史使命,有力推进了党的思想理论建设,加强了马克思主义的意识形态核心地位,服务了党和国家的社会主义现代化建设。也就是说,马克思主义理论学科在社会服务功能上取得了重要进展:通过坚持不懈地把马克思主义基本理论与经济社会实际相结合,为当代中国的马克思主义、21世纪的马克思主义创新发展提供了理论资源,为解决重大现实问题提供了坚强的思想保障。

但其实,马克思主义理论建设更为重要的服务功能是为高校思想政治理论课课程建设提供重要支撑和保障,或者说,马克思主义理论学科是思想政治理论课的学科依托,思想政治理论课是马克思主义理论学科在教育教学中的具体运用和展开[7]。党中央高度重视马克思主义理论学科对思想政治教育的引领作用,自此,马克思主义理论学科建设和高校思想政治理论课建设被推向了同步发展的进程[8]。

在这里,尤为突出的是育人的问题,坚持育人为本,把学科建设与人才培养紧密结合在一起。通过马克思主义理论的深入挖掘研究,为思想政治理论课教育教学提供学理支撑,为思想政治教育提供有效思路和政策建议,为解决思想政治理论课教育教学中的理论难点提供研究成果,为培养马克思主义理论人才提供研究平台,以提高大学生思想政治教育的实效性[9]。可以看出,马克思主义理论学科的这种服务功能尤其体现在立德树人方面,马克思主义理论学科无时无刻不与思想政治理论课联系在一起,在互相促进中共同成长。"培养什么人、怎样培养人、为谁培养人"这个问题,是教育的根本问题和永恒主题。党的十八大把"立德树人"确立为教育的根本任务,指明了今后教育改革发展的方向,也为马克思主义理论学科发展提出了更高的要求,设立了更广阔的愿景。我们应重视马克思主义理论学科建设,使之成为学习研究宣传马克思主义的坚强阵地,发挥立德树人领航作用。

三、马克思主义理论学科发展与服务思想政治理论课要求的差距

辩证理解马克思主义理论学科建设与思想政治理论课建设的关系,我们清楚认识到,马克思主义理论学科对思想政治理论课有促进作用,思想

政治理论课的热点、难点、痛点，成为马克思主义理论学科的研究课题[10]。回溯到 2005 年，马克思主义理论一级学科的设立体现了党中央的深谋远虑。一方面，习近平同志曾指出，"意识形态工作是党的一项极端重要的工作"。西方意识形态的冲击给青年学生的思想带来了一定变化，随着全球化的不断深入，西方霸权主义对中国打压、分化的进程一刻也没有放松，现在更多地运用意识形态的手段，西方自由主义思潮也和西方优秀文化成果一起进入中国。另一方面，在中国的学术界和教育界，马克思主义理论在一定程度上被边缘化。在意识形态的主战场、主阵地，马克思主义理论的声音略显疲软，没有掷地有声地回应敌对思潮的叫嚣和挑衅。马克思主义理论一级学科在这样的大背景下被确立起来，力图加强研究队伍的整体质量、增强理论研究和宣传的实效、严守意识形态全域阵地、把思政课实实在在办成培育有社会主义坚定理想的青年学子的坚强阵地。党的十八大以来，以习近平同志为核心的党中央高度重视思政课建设，作出一系列重大决策部署，各地区、各部门和各级各类学校采取有力措施认真贯彻落实，思政课建设取得显著成效。

不过，我们也应该同时看到，这个目标任重而道远，正如《关于深化新时代学校思想政治理论课改革创新的若干意见》中指出的，面对新形势、新任务、新挑战，我们在思政课建设上仍然存在一些短板，甚至是迫在眉睫的问题。在机制体制上，对思政课的认识还不到位，配套措施还不够健全；在课堂教学中，效果还有待提升，思政课的抬头率还不高；在教材体系方面，内容还存在不够鲜活的现象；在教师配备上，最强的师资力量还没有完全进入思政课堂，评价体系也不够科学；在协同育人方面，大中小学思政课建设一体化有待加强，一些民办院校、中外合作办学院校的思政课存在薄弱环节，课程协同和社会协同推动思政课力度明显不够。

目前思政课所面临的问题恰恰与马克思主义理论学科未能完全达到思政课所要求的研究水平，对思政课服务能力不够有直接的关联。总结起来看，主要有以下几方面的具体表现：

第一，从马克思主义理论学科的发展来看，与其他人文社会科学相比，马克思主义理论尚属年轻的学科，虽然近年取得了长足进步，但是学科积淀还比较薄弱。由于学科建设起步较晚，我国马克思主义理论学科在整体性和学术性方面存在一定的差距。比如，学科体系有待进一步完善，由于历史原因造成的对苏联学科体系的长期承袭，使得学术研究的理论广度、深度还不够，研究重大理论问题的课题数量不足，马克思主义理论扛鼎的学术成果还不丰富，等等。

第二，从学术力量的支撑来看，马克思主义理论人才还没有形成应有的规模，从事马克思主义理论学科的一线教学科研人员，特别是高层次人才仍处于短缺状态[11]。比如，马克思主义理论的领军人才、学术骨干和学术带头人的数量不够，科研教学队伍的整体素质有待提升。另外，马克思主义理论学科的教师面临教学、科研压力并重的局面，所以有的教师无法抽身从事科学研究工作，造成了精品力作的缺失，且课堂教学也会相应缺乏深度。而还有一些教师长期把精力投入科学研究中，对教学漠不关心、敷衍了事，给思政课教学带来了一定的负面影响。

第三，马克思主义理论学科的带动力、辐射力和影响力不够[12]，马克思主义的指导地位还没有牢固树立。坚持以马克思主义为指导，是当代中国哲学社会科学区别于其他哲学社会科学的根本标志。但是在对待坚持以马克思主义为指导问题上，有些人认识不深，有些人学得不透，有些人用得不对，这就导致在建设以马克思主义为指导的学科体系方面存在较大短板。比如，在很多人文社会科学领域，话语体系被西方模式、西方模型所垄断，马克思主义理论学科群还远未成熟。由此说明，马克思主义理论学科在强化自身建设的同时，还要发挥对其他学科的带动、辐射作用，但现在这种带动、辐射作用还比较弱，需要进一步增强。

从上文的分析中我们可以看出，马克思主义理论学科服务社会的功能，尤为突出地体现在为思想政治理论课教学提供思想、方法、观点等方面，这是马克思主义理论的基本特征，也是思想政治理论课的根本遵循。我们在积极肯定马克思主义理论一级学科建立十多年来取得的卓越成绩的同时，也应清醒地认识到目前马克思主义理论学科研究中和思想政治理论课教学中还有一些亟待解决的问题，必须引起高度重视。

四、强化马克思主义理论学科为思想政治理论课服务的功能

早在 2015 年，《普通高校思想政治理论课建设体系创新计划》就强调，马克思主义理论学科要"为思想政治理论课建设提供坚实的学科支撑"，要求"强化马克思主义理论学科和科研对教学的支撑作用"。马克思主义理论学科，在一定意义上是为了适应思想政治理论课教育教学的需求设置的，它必须坚持为思想政治理论课教育教学服务。这是十几年来马克思主义理论学科发展的基本经验，也是它想要继续蓬勃发展的基本原则[13]。在2019年印发的《关于深化新时代学校思想政治理论课改革创新的若干意见》中明确提出：把加强和改进思政课建设摆在突出位置。那么，为了加强马克思主义理论建设，也同时为了加强思想政治理论课建设，我们认为应该以如下几个方面作为抓手：

第一，坚持基础理论研究，为思想政治理论课打下坚实理论基础。习近平同志在北京大学师生座谈会上深刻指出，要抓好马克思主义理论教育，深化学生对马克思主义历史必然性和科学真理性、理论意义和现实意义的认识，教育他们学会运用马克思主义的立场、观点、方法观察世界、分析世界，真正搞懂面临的时代课题，深刻把握世界发展走向，认清中国和世界发展大势，让学生深刻感悟马克思主义真理力量，为学生成长成才打下科学的思想基础。长期以来，学界虽然认同马克思主义理论的重要地位，但是囿于学术能力，还缺乏对马克思主义的整体性研究，从而影响到马克思主义理论教育和思想政治教育的功能[14]。我们认为，整体性研究应体现在两个方面：一是马克思主义理论体系本身的整体性，着力强调二级学科之间的有机统一——既有边界，又密不可分。应该围绕马克思主义理论学科的总体建设目标而展开各学科的发展规划。二是马克思主义理论和思想政治理论课的整体性，这一点更为关键，加强马克思主义理论学科的整体性建设，可以为思想政治理论课课程的整体建设奠定坚实的学科基础，适应思想政治理论课课程的综合性发展要求，进一步推动思想政治理论课课程体系在整体建设中得到完善。总之，抓好马克思主义的基础理论研究，对支撑高校思想政治理论课教学、领航哲学社会科学、服务国家大政方针、服务社会发展具有重要意义[15]。

第二，坚持面向现实，为提高思想政治理论课教育教学实效服务。马克思主义理论学科建设需要突出中国特色，为解决当下我国社会主义现代化建设所面临的重大基础理论和现实问题提供理论和实践上的准备[16]。马克思主义理论学科建设还要突出服务思政课根本任务，为解决思政课建设过程中的问题而提出有效化解方法。当前的情况下，要增强思想政治理论课教育教学的说服力、感染力，就要以最新的科学研究成果充实到教育教学中,因为不论哪门课程,其说服力、感染力来自科学理论的感召力。要提高思政课的感召力,必须面向学生、面向课堂,根本在于认识规律、认识现实。马克思主义理论各二级学科都要认真研究相对应的思想政治理论体系、教学体系、教学形式,用新的结论、新的观点、新的知识、新的材料、科学的思维方式为其提供直接的学科支撑[17]。这样,思想政治理论课的目标——培养德智体美劳全面发展的社会主义建设者和接班人——才得以达成,新时代的中国青年才会深刻理解改革开放中出现的新问题、新情况,坚定"四个自信",对共产主义最高理想和实现中华民族伟大复兴共同理想有真正的认同感,牢筑历史责任感,自觉为社会主义现代化强国助力。

第三,坚持学科队伍建设,切实提升思政课服务能力。建设高素质思想政治理论课教师队伍,落实党和国家的教育方针,具有重要的理论意义和现实价值[18]。要突出马克思主义理论学科为思想政治理论课服务的特征,必须凝聚学科建设的队伍,也就是凝聚思想政治理论课教师的队伍。建设这支队伍,是增强思想政治理论课教学能力、加强思想政治理论课建设的重要保证[19]。近些年来,为了加强马克思主义理论学科教师建设、加强思政课师资建设,党中央下了大力气,做了很多实事。但是离培养一支政治强、情怀深、思维新、视野广、自律严、人格正的思政课教师队伍的要求还有不小差距。因此,根据马克思主义理论学科建设现状,必须走内涵式的学科发展道路[20]。根据《关于深化新时代学校思想政治理论课改革创新的若干意见》的明确指示,我们认为,下一个阶段需要在以下几个方面协同发力:加快壮大学校思政课教师队伍,切实提高思政课教师综合素质,切实改革思政课教师评价机制,加大思政课教师激励力度,大力加强思政课教师队伍后备人才培养工作。

结语

马克思主义理论学科和思想政治理论课在并行中成长,在相互促进中进步。在新时代,马克思主义理论学科和思政课都大有可为、应有大为。这就要强化马克思主义学院在马克思主义理论学科建设中的引领意识,提高在学科支撑体系中引领的本领和能力,就马克思主义理论学科自身而言,引领作用首先要加强思想政治理论课建设[21]。应牢固树立马克思主义理论的服务意识，不仅是对大政方针和社会主义道路的方向性起到指引作用，更是应以马克思主义理论的精深研究，全面推进21世纪马克思主义、当代中国的马克思主义，用马克思主义理论研究的成果武装思想政治理论课教师，丰富教学内容，提高思想政治理论课的政治性、科学性、针对性和实效性，为坚持和发展中国特色社会主义、为实现"两个一百年"的奋斗目标和民族复兴的中国梦作出更大贡献。

参考文献：

[1] 邢鹏飞.中国马克思主义理论学科的百年传承与新时代的发展趋向[J].重庆工商大学学报(社会科学版),2019(4):114-121.

[2] 张允熠.关于马克思主义理论学科建设的几点思考[J].学术界,2016(2):5-18,325.

[3] 张雷声.马克思主义理论学科在改革开放中前行[J].思想理论教育导刊,2018(10):25-31.

[4] 王然.科学把握马克思主义理论体系：访中国社会科学院学部委员靳辉明教授[J].高校马克思主义理论研究,2016(1):3-10.

[5] 逄锦聚.站在新的历史起点 建设更高水平的马克思主义理论学科：写在马克思主义理论学科增设十周年之际[J].马克思主义研究,2015(8):5-10,60.

[6][13] 梅荣政.马克思主义理论学科十年建设的回顾与展望[J].思想理论教育,2015(12):4-11.

[7] 刘丽萍.马克思主义理论教育研究的四个基本维度[J].思想政治教育研究,2017(3):57-63.

[8] 蒋旭东.马克思主义理论学科建设的重点要求：访全国高校马克思主义理论学科研究会会长靳诺教授[J].马克思主义理论学科研究,2015(1):4-10.

[9] 陈锡喜.马克思主义理论学科建设须确立三大理念[N].解放日报,2016-10-26(08).

[10] 吴东华.关于马克思主义理论学科历史使命的思考[J].思想理论教育,2016(4):36-39,57.

[11] 田克勤,张泽强.进一步加强马克思主义理论学科建设的几个问题[J].毛泽东邓小平理论研究,2017(5):82-87,108.

[12] 李昆明.从学科定位看马克思主义理论学科建设的规范性[J].思想理论教育,2011(1):4-9.

[14] 靳辉明.马克思主义理论学科建设与繁荣中国特色哲学社会科学[J].贵州师范大学学报(社会科学版),2016(5):1-5.

[15] 朱国栋.论马克思主义理论学科的学术意识[J].毛泽东邓小平理论研究,2017(8):58-65,108-109.

[16] 袁银传.关于马克思主义理论学科整体发展与学科群建设的思考[J].马克思主义理论学科研究,2017(2):153-161.

[17] 韩振亮.马克思主义理论学科建设和思想政治理论课建设中需要解决的两个问题[J].思想理论教育导刊,2009(2):44-47.

[18] 靳诺.全面建设马克思主义理论学科本硕博一体化人才培养体系:学习习近平总书记学校思想政治理论课教师座谈会重要讲话精神[J].马克思主义理论学科研究,2019(2):4-13.

[19] 张雷声.论马克思主义理论学科的基本特征[J].理论视野,2010(8):10-13,17.

[20] 梅荣政.马克思主义理论学科建设三要点[N].光明日报,2015-12-31(16).

[21] 顾海良.加强马克思主义理论学科的"支撑"和"引领"作用[J].中国高等教育,2015(21):7-10.

【立德树人贯穿于教学体系研究】

立德树人视域下"基础"课教学的整体优化设计

郭巧云

(荆楚理工学院,湖北 荆门 448000)

摘 要:党的十八大以来,着眼于"培养什么样的人、怎样培养人以及为谁培养人"这一根本问题的回答,立德树人成为高校育人工作的中心环节,是"基础"课教学的宗旨。"基础"课教学在落实立德树人根本任务上取得了丰硕的成果,但仍存在思想认识有待进一步深化、问题意识有待进一步加强、实践教学有待进一步落实、教学方法改革有待进一步深入等现实困境。我们要坚持以德立人、树人以德,从教学理念、队伍建设、教学形式、教学重点等方面对"基础"课教学进行整体优化设计。

关键词:立德树人;"基础"课;五观;优化设计

习近平总书记在主持召开学校思想政治理论课教师座谈会上的讲话中指出,思政课作用不可替代,思政课教师责任重大,并对广大思政课教师提出了殷切期盼,为思政课建设提出了根本遵循和具体指导。他们将进一

基金项目:本文系 2019 年度荆楚理工学院教育教学研究项目"基于微信公众平台的移动学习模式在'思想道德修养与法律基础'课教学中的应用研究"(JX2019-073)的阶段性成果。
作者简介:郭巧云,女,荆楚理工学院副教授,华中师范大学博士研究生,主要从事马克思主义发展史研究。

步落实立德树人根本任务，努力培养担当民族复兴大任的时代新人，培养德智体美劳全面发展的社会主义建设者和接班人，这也是高校思想道德修养与法律基础（以下简称"基础"）课教学的应有之义。

一、立德树人："基础"课教学的宗旨

立德树人，就是强调以德立人，树人以德；强调立人为先，树人为要。《左传·襄公二十四年》就将"立德"放在"三不朽"的首位："大上有立德，其次有立功，其次有立言，虽久立不废，此之为不朽。"《管子·权修》指出："一年之计，莫如树谷；十年之计，莫如树木；终身之计，莫如树人。"这是将培养人才作为长久之计。

立德树人是对立德和树人关系的深刻把握，体现了立德和树人的辩证统一：立德是树人的前提，树人是立德的归宿；树人是立德的途径，立德是树人的追求。两者互为前提、不可分割，形成一个有机的统一整体。立德树人也是对教育根本任务和人才培养规律的深刻把握。"培养什么样的人、如何培养人、为谁培养人"是教育的根本问题，也是事关党和国家前途命运的重大问题。立德树人的提出契合了我国人才发展的要求，蕴含了"以德量才"的人才培养和选拔原则以及"成德达才"的人才成长和发展逻辑。因此，习近平总书记多次强调，高校立身之本在于立德树人，要坚持把立德树人作为中心环节。这对于办好中国特色社会主义大学，开创我国高等教育事业新局面具有重大而深远的现实意义。

教学宗旨是教育教学的核心和灵魂，是教学活动的根本出发点和落脚点。习近平总书记指出"要以培养担当民族复兴大任的时代新人为着眼点，强化教育引导、实践养成、制度保障，发挥社会主义核心价值观对国民教育、精神文明创建、精神文化产品创作生产传播的引领作用"[1]，"思想政治理论课是落实立德树人根本任务的关键课程"，"办好思想政治理论课，最根本的是要全面贯彻党的教育方针，解决好培养什么样的人、如何培养人、为谁培养人这个根本问题。我们党立志于中华民族千秋伟业，必须培养一代又一代拥护中国共产党领导和我国社会主义制度、立志为中国特色社会主义事业奋斗终身的有用人才"[2]。这一论断，指明了思想政治理论课立德树人根本任务的方向，也是高校"基础"课教学的出发点和落脚点。在2018年修订的"基础"课教材中就明确指出："本课程针对大学

生成长过程中面临的思想道德和法律问题，开展马克思主义的世界观、人生观、价值观、道德观、法治观教育，引导大学生提高思想道德素质和法治素养，成长为自觉担当民族复兴大任的时代新人。"[3]

其一，"实现中华民族伟大复兴的中国梦"是高校"基础"课教学的鲜明主题。"实现中华民族伟大复兴的中国梦"凝结着无数仁人志士的不懈努力，承载着全体中华儿女的共同向往。通过"基础"课的教学，引导大学生坚定理想信念、养成学习和奋斗的良好习惯、精神追求以及锐意进取、迎难而上的精神品质，在实现中国梦的生动实践中创造自己的精彩人生。

其二，"培养担当民族复兴大任的时代新人"是高校"基础"课教学的根本目标。大学生的思想道德素质事关国家、民族的前途和命运，决定中国特色社会主义事业的兴衰成败。党的十九大报告明确提出了"培养担当民族复兴大任的时代新人"的战略要求。通过"基础课"的教学，不断提高学生的思想水平、政治觉悟、道德品质和文化素养，做到明大德、守公德、严私德，做有理想、有本领、有担当的时代新人，培养德智体美劳全面发展的社会主义建设者和接班人。

其三，"培育和践行社会主义核心价值观"是高校"基础"课教学的根本遵循。通过深入挖掘"基础"课程的优势，以培养担当民族复兴大任的新人为着眼点，紧紧围绕社会主义核心价值观教育这一鲜明主线，将其融入"基础"课的教学之中，运用马克思主义的立场、观点和方法，升华思想观念，确立价值理念。

其四，"马克思主义的世界观、人生观、价值观、道德观、法治观"（以下简称"五观"）的教育和引导是高校"基础"课教学的核心内容。高校"基础"课教学是对大学生进行"五观"教育的重要平台，要在对理论知识阐述和解释的基础上，不断凸显对大学生"五观"的引导，使其具备优秀的思想道德素质和法治素养。

二、"基础"课教学落实立德树人根本任务的现实境遇

党的十八大以来，着眼于"培养什么样的人、怎样培养人以及为谁培养人"这一根本问题的回答，"立德树人"成为高校育人工作的中心环节。为增强"基础"课教学的吸引力、感染力和亲和力，提高针对性和实效

性，高校积极推进教学改革、探索多种教学形式，取得了丰硕的教学改革成果，涌现出一大批教学名师，探索出一大批教学模式。但在实践中出现的问题也不容忽视。

(一) 思想认识有待进一步深化

一方面，很多人认为"基础"课容易教，认为它的理论深度要求不高，不需要很强的专业知识，只需要具备一定的教学技巧，只需要进行教学方法的创新和教学形式的多样化。这种认识存在极大的片面性。思想政治理论课涵盖面很广，综合性很强。而"基础"课教材的贯通性、交叉性十分突出，不仅涉及多学科的理论知识，而且牵涉的理论问题十分广泛。以修订的2018年版教材为例，涉及的问题有：人生观、人生价值和人生态度，理想信念与实现中华民族伟大复兴的中国梦，爱国主义与中国精神、中国力量，社会主义核心价值观与价值观自信，传统道德文化的传承与弘扬、中国革命道德的传承与弘扬以及公共生活、职业生活、家庭生活三大社会生活领域的道德建设，中国特色社会主义法律体系和法治体系、中国特色社会主义法治道路以及法治思维，等等。这些问题都充满时代特色，内涵极其丰富，而教材体系囿于篇幅，不可能对每个问题都进行详细阐述，要实现教材体系向教学体系的转化，对"基础"课教师而言是一个较大的挑战。另一方面，很多思政课教师在教学实践中，也更多地关注知识的传递，而轻视价值观的引导，对错误理论观点的辨析批判不足或者不深刻；个别教师为获得学生学评教的"好评"，放松课堂教学的管理，教学内容随意化、课堂氛围娱乐化现象时有发生。实际上，教师在授课过程中一般对自己熟悉的内容，处理起来游刃有余，详略得当，而对自己没有研究或不熟悉的内容则是显得没有自信、没有底气，自己讲的费劲，学生听的乏味。所以，对融"思想性、政治性、科学性、理论性、实践性于一体"[4]的"基础"课，授课教师需要认真钻研教材，将教学与科研很好地统一起来。

(二) 问题意识有待进一步加强

习近平总书记在多个场合都强调要"持问题导向，保持战略定力"。习近平总书记正是坚持问题导向，着眼于"坚持和发展什么样的中国特色社会主义，怎样坚持和发展中国特色社会主义"这一时代中心问题，运用马克思主义基本原理对中国特色社会主义建设中出现的问题进行研判和解决，推动中国特色社会主义进入新时代，形成习近平新时代中国特色社会主义思想。问题导向是科学的方法论，是习近平新时代中国特色社会主义思想的鲜明特征。开好思政课，用习近平新时代中国特色社会主义思想铸魂育人，就要有强烈的问题意识、坚持问题导向。在"基础"课教学中，绝大多数教师兢兢业业、甘于奉献、奋发有为，努力实现"基础"课教学从教材体系向教学体系转化。但在当前文化多样、思想多变、价值多元的背景下，有些大学生出现价值"认同危机"，实质上反映出教师问题意识不强。就"基础"课教学而言，主要体现在：一是，少数教师对"培养什么人、怎样培养人、为谁培养人"这个根本问题认识不清或不足。"培养担当民族复兴大任的时代新人，培养德智体美劳全面发展的社会主义建设者和接班人"是"基础"课教学的根本价值目标，有些教师在授课过程中出现知识传授与价值目标相分离的情形，缺乏整体教学设计，难以将立德树人根本任务落到实处。二是，"基础"课内容涵盖面广、学科交叉性强，需要教师有很强的理论知识储备。从"基础"课教师学科背景来看，有马克思主义理论、哲学、政治学、伦理学、法学等，这为"基础"课教学奠定了很好的基础，但是也容易形成思维定式。少数教师对自己熟悉的内容、知识过于夸大，而对自己不熟悉的知识和内容则产生畏难情绪，有时拒斥与自己理解不同的观点。如有法律专业知识背景的教师，在讲解法律部分时，偏重于对法律知识的讲解，而忽视学生法治精神和法治思维的培养。这就容易出现按照自己的兴趣或专长来安排授课学时，一旦教学要求与自己的专长或兴趣不一致，就认为课程难上，教学成就感较低。三是，教师课堂驾驭能力不足。据相关信息反馈来看，绝大多数思政课教师都怀有满腔热情，努力想把思政课教好，让学生能有较强的获得感，但是也存在教学方式方法老套、对学生吸引力不够，教学针对性不强、解疑释惑不够，理论讲解不足、偏离课程本身的定位和性质等问题[5]。在教学实践中，教学内容内涵不足，观点难以入心入脑。教师缺乏问题意识和理论储备，必然导致思政课教师缺乏课堂驾驭能力，在教学过程中对相关问题只能蜻蜓点水似的讲解，不能用理论的魅力感染学生，不能触及学生的心灵，难以将立德树人的根本任务贯彻到课堂教学中去。

(三) 实践教学有待进一步落实

马克思指出："全部社会生活在本质上是实践的。"[6]习近平总书记也指出："要坚持理论性和实践性相统一，用科学理论培养人，重视思政课的实践性，把思政小课堂同社会大课堂结合起来教育引导学生立鸿鹄志，做奋斗者。"[7]实践教学是提升学生运用理论分析和解决问题能力的有效途径，是提升思政课教学效果的有效手段，这就要求思政课教师在课堂上将理论讲解透彻，在实践教学环节引导学生走进现实生活，将所学理论"内化于心、外化于行"。调查显示[8]，大学生认为思政课教学亟待解决的问题，排在第一位的是"理论联系实际"，排在第二位的是"加强社会实践环节"，可见，学生更加期盼参与到社会实践中来。但在实际教学中，实践教学或因安全、经费等因素停留在教学计划之中，或者是流于形式，或者变成文娱性活动。在"基础"课教学中，实践教学形式丰富多样，比如志愿者活动、参观爱国主义教育基地、进行道德或法治调查研究、组织辩论赛、模拟法庭等。但在实践过程中，很多形式是难以有效落实的，比如模拟法庭，就受到场地限制或者教师本身专业知识背景的限制，而且，参与的人数极其有限，难以全员参与进来；再如参观爱国主义教学基地，尤其是跨省、市或离学校较远的基地，出于学生安全、经费申请等因素的考虑，教师组织起来比较困难。

(四) 教学方法改革有待进一步深入

网络信息的发展，催生了慕课、翻转课堂、远程教学、混合式教学等线上线下课堂教学形式，尤其是微信、喜马拉雅、抖音等载体的出现，使得讨论式、辩论式等教学方法更具有操作性，可以增强"基础"课教学的吸引力和感染力，增强教学的实效性。但是，也应当看到，有的教师过于重视教学方法的创新和教学形式的多样化，对教学内容和教学实效的关注不够；有的高校积极开发慕课，但无法破解有效引导价值观、态度、信仰、情感等困境，有的高校由于条件限制无法有效尝试新的教学形式，有的高校固守传统教学模式而对新的教学形式敬而远之。总体来看，教学方式方法的改革差强人意，比如，教学主客体功能的角色分工与定位模糊，线下教学设计与线上教学辅导难以有机结合；教师在教学内容与现代信息技术的有效融合方面存在短板，教学内容与教学手段"貌合神离"；教师过度依赖新兴教学手段和方法，而一旦离开多媒体、幻灯片等媒介，导致课堂教学难以正常维持，等等。

三、"基础"课教学落实立德树人根本任务的整体优化路径

"基础"课对落实立德树人根本任务具有不可替代的重要作用。我们要坚持以德立人、树人以德，从教学理念、队伍建设、教学形式、教学重点等方面对"基础"课教学进行整体优化设计。

（一）从教学理念的维度，解决好思想认识问题

理念是行动的先导。思想政治理论课是传授知识的载体，更是落实立德树人的关键课程，办好思政课是培养一代又一代社会主义建设者和接班人的重要保障。处于"拔节孕穗期"的青少年，最需要栽培和引导。这就要求我们要理直气壮开好思政课，从中华民族伟大复兴、党和国家前途命运的高度，来深刻认识思政课在立德树人中不可替代的重要作用，进而引导学生树立正确的理想信念、价值理念和道德观念。其一，要进一步提高政治站位，立志于中华民族千秋伟业，增强使命感、责任感和紧迫感，把思政课纳入重要议程、纳入党委总体工作布局。要建立党委统一领导、党政齐抓共管、有关部门协调配合的工作格局。要深刻认识到，办好思政课是努力培养担当民族复兴大任的时代新人、培养德智体美劳全面发展的社会主义建设者和接班人的必然要求和根本保障。其二，领导重视，保障到位，是"基础"课教学的基础性环节。在课程定位上，不能仅仅将思政课定位为高校的公共必修课，要深刻认识到其在立德树人中的重要作用；既要遵从课程教学的规律，又要遵从思想政治工作的规律。尤其是对于"基础"课，要从根本上转变"'基础'课只要具备一定的教学技巧、进行教学方法的创新和教学形式的多样化"的思维定式；高校必须高度重视，职能部门要积极支持、保证和优化教学条件，学院和教研室也要深入动员学习，提高教师思想认识。

（二）从队伍建设的维度，坚守"六要"

习近平总书记强调，"办好思想政治理论课关键在教师"，"关键在发挥教师的积极性、主动性、创造性"[9]。"基础"课教学水平的整体优化提升，离不开教师队伍建设。

其一，要高度重视思政课教师队伍建设。首先，师德师风建设是每一

所学校常抓不懈的工作。既要有严格制度规定，也要有日常教育督导。应该认识到，评价教师队伍素质的第一标准应该是师德师风。其次，建设政治素质过硬、业务能力精湛、育人水平高超的教师队伍是实现立德树人根本任务的关键。"全员育人"是立德树人的现实要求。因此，要配齐建强思政课专职教师队伍，建设专职为主、专兼结合、数量充足、素质优良的思政课教师队伍，这是落实立德树人根本任务的主渠道。再次，要解决学科定位、专业归宿和科研归宿的问题。"基础"课教师的学科背景有马克思主义理论、哲学、政治学、伦理学、法学等。"基础"课教材也为教师进行科学研究留下了广阔的空间。通过对教材的许多问题进行科学研究，确立自己的专业归宿，不仅有利于实现科研目标，而且有助于实现教材体系向教学体系的转化，更好落实立德树人根本任务。比如，关于正确认识人的本质，关于理想信念的个别性与共同性问题，关于中华民族优秀传统，关于如何把握爱国主义的历史范畴和经济全球化对爱国主义的挑战，关于如何把握社会主义核心价值观与多样化社会思潮的关系，关于如何坚定价值观自信，关于中华传统美德的创造性转化与创新性发展，关于中国特色社会主义法治建设等这些问题，教师如果能够深入思考并认真研究分析，不仅能够找到教学的乐趣，也能够找到科研的乐趣，做到教学相长。

其二，"基础"课教师自身要做到"六要"，即政治要强、情怀要深、思维要新、视野要广、自律要严、人格要正。政治要强、情怀要深，就是要坚定中国共产党的领导、坚定"四个意识"和"两个维护"，将"培养担当民族复兴大任的时代新人，培养德智体美劳全面发展的社会主义建设者和接班人"作为自己事业的毕生追求；思维要新、视野要广，就是要始终坚持辩证唯物主义和历史唯物主义创新课堂教学，引导学生学会正确的思维方法，要善于从知识视野、国际视野和历史视野透视问题，观大局、察大势，通过生动、深入、具体的纵横比较，把道理讲清楚、讲明白；自律要严、人格要正，就是要课上课下一致、表里如一、心口如一，要具备境界高、胸怀广和行为正的人格，以良好的品质人格参与到教学、工作和生活中去，坚持教书与育人、言传和身教相统一，做先进思想的传播者和践行者。

（三）从课程整体的维度，设计"基础"课教学重点

内容决定形式，形式对内容具有反作用。"基础"课教学要坚持内容

为主，直面学生的思想困惑，加强对理论问题的研究探讨和对现实问题的学理分析。因此，就需要我们在突出课程整体性的基础上，设计"基础"课教学重点。

其一，加强"五观"教育。"五观"的正确引导是"基础"课的核心内容。以修订的2018年版教材为例，每一章应在相应的章节目主题之下重点回答某个或某些重点问题，凸显"五观"教育。新教材"绪论"立足"我们处在中国特色社会主义新时代"的历史方位，提出"培养担当民族复兴大任的时代新人"的历史使命后，就以"人生之路"为起点，以"理想信念""精神力量"和"价值追求"为思想引领，进行道德观和法治观教育和培养，"五观"逻辑线条的板块化趋势日渐清晰。在教学过程中，要保证各板块各自特点和有机联系的统一，因此需要进行教学重点设计，设计科学合理的教学重点，将教材体系转化为教学体系。

其二，突出理想信念教育。当今时代，各种社会思潮相互激荡、鱼龙混杂，大学生正处于价值观形成和波动时期，容易受各种错误思想言论的影响和引导。"基础"课应深入挖掘课程素材，承担起培养大学生理想信念的重要使命，为大学生指引人生航向提供一盏明灯。以第二章第二节为例，教师在教学中就需要引导学生将理想信念的思考建立在"对马克思主义的深刻理解"和"对历史规律的深刻把握"的基础上，重点引导学生理解"为什么要信仰马克思主义"，这就需要教师在教学过程中进一步展开研究；再如有关"中国特色社会主义是我们的共同理想"这一内容，需要重点引导学生认识"中国特色社会主义是科学社会主义，不是别的什么主义"，"是中国共产党带领人民历经千辛万苦找到的实现中国梦的正确道路"。这就需要教师从知识传输向价值引领的思路转变，让学生在纷繁复杂的社会思潮面前，坚定马克思主义信仰、坚定中国特色社会主义共同理想、胸怀共产主义远大理想。

其三，培养学生道德意识和法治意识。2018年版教材第五章和第六章是道德观和法治观内容，这两章主要包括道德的起源、本质、功能与作用，中华传统美德的基本精神及其创造性转化和创新性发展，中国革命道德的形成发展及其主要内容，社会主义道德的核心和原则、社会公德、职业道德、家庭美德和个人品德，法律及其历史发展、我国社会主义法律的本质特征、以宪法为核心的中国特色社会主义法律体系、中国特色社会主义法治体系等内容。新教材不再是从伦理学和法理学的视角来进行知识的论述，而是侧重于培养学生的道德意识和法治意识。"基础"课教师对此要有明确的认识，这是进行道德观和法治观教育的前提和基础。

其四，提高学生的道德实践和法治实践能力。高校"基础"课教学应注重提高学生的道德判断能力，使其能理性分析道德现象、正视道德冲突、解决道德困惑，从而做出科学的道德选择，将课堂上接受的道德原则和规范外化为行为实践，投身崇德向善的道德实践；注重引导学生尊法学法守法用法，将对法治的遵从内化于心、外化于行，成为法治中国建设的中坚力量。提高全民族法治素养和道德素养，是党的十九大报告提出的全面依法治国的重要目标。因此，"基础"课也应积极响应党的十九大的号召，努力提高大学生的道德素养和法治素养，并进一步促使其将理论认识转化为行为实践，达到知行合一。

（四）从教学形式的维度，坚持守正创新之道

其一，要深刻认识到"八个相统一"是"基础"课改革创新的根本遵循。习近平总书记在学校思想政治理论课教师座谈会上指出，"要坚持政治性和学理性相统一"，"要坚持价值性和知识性相统一"，"要坚持建设性和批判性相统一"，"要坚持理论性和实践性相统一"，"要坚持统一性和多样性相统一"，"要坚持主导性和主体性相统一"，"要坚持灌输性和启发性相统一"，"要坚持显性教育和隐性教育相统一"[10]。要增强理论阐释和说服力，要以透彻的学理分析回应学生，以彻底的理论说服和引导学生，在传授知识的过程中引导学生树立正确的价值观，敢于批判各种错误观点和思潮；要重视思政课的实践性，将思政小课堂与社会大课堂相结合，加强对学生认知和接受规律的研究，多渠道引导学生参与讨论、深入思考，水到渠成得出结论。可以说，这"八个相统一"是对思政课规律性认识和成功经验的科学总结，是增强思政课思想性、理论性、亲和力和针对性的关键所在，也是"基础"课改革创新的根本遵循。

其二，要将"守正"与"创新"统一于培育时代新人的教学实践过程中。提高"基础"课教学效果，需要不断改革创新，要在改进中加强，在创新中提高。创新不能忘本，必须在守正的基础上进行，必须正确处理好守正与创新的关系。首先，守正是"基础"课创新的前提和基础，要强化守正意识，坚守课程的理论属性、政治属性和价值属性。思政课教师不能

成为"脱口秀"的网红,不能成为"段子手"。要坚守思政课的守正根基,把立德树人贯穿教学过程的始终,"不断提高学生思想水平、政治觉悟、道德品质和文化素养,让学生成为德才兼备、全面发展的人才"。其次,创新是"基础"课保持活力的源泉。要在理论上跟上时代,将马克思主义中国化最新理论成果融入教学各个环节;要在形式上跟上时代,进行积极有益的探索。在继承传统课堂教学的基础上,要科学运用慕课、微信、微视频等新媒体手段,打造智慧课堂、实践课堂、互动课堂等。丰富多样的方式方法,艺术高超的教育技巧,是取得良好思想政治教育效果的重要条件。但要认识到,形式永远是服从于内容的,内容如果空泛,再好的形式也不会起到好的效果。要坚持内容为王,在此基础上坚持方式创新,增强课堂吸引力和感染力;要明晰线上、线下教学的定位,线下课堂讲授是主导,线上教学平台是辅助手段的改革思路不能变,使"基础"课教学宗旨在线下、线上教学相得益彰中入脑入心。再次,要坚持守正与创新的辩证统一。守正是创新的前提和基础,坚持守正,创新才能有明确的立场和正确的方向;只有创新,守正才能获得源源不断的动力支撑。要将守正与创新辩证统一于"基础"课改革创新的进程中。

其三,构建多样化的课外实践平台。立德树人要求学生能将所学知识"内化于心、外化于行"。"基础"课就要在实践活动中引导、教育学生,在课堂教学之外开展以立德树人为根本任务的实践活动,通过学生的真实感受深刻理解道德法律在国家、社会和自身发展中的重要意义,从而在情感上认同、在行为中践行主流道德法律观。当前各高校也都开展了形式多样的课外实践活动,但是也存在流于形式或参与人数不多等现象。因此,可以从以下几个方面构建多样化的课外实践平台:一是统筹校内校外各项资源,将"走出去"与"留下来"结合起来。有条件开展校外实践活动的可以多让学生参与进去,没有条件实施的高校要更加重视校内资源的利用,如利用社团、校园文化等载体,让学生在各种活动中培养和提高道德和法治素养。二是统筹利用专业实训实习基地和思想政治理论课实践教学基地,深入挖掘专业实习实训基地的职业道德、法律意识的教育功能,提高学生的思想道德素质与法律素质和观察分析社会的能力。

参考文献:

[1] 习近平.决胜全面建成小康社会 夺取新时代中国特色社会主义伟大胜利:在中国共产党第十九次全国代表大会上的报告[M].北京:人民出版社,2017:42.

[2][7][9][10] 习近平.用新时代中国特色社会主义思想铸魂育人 贯彻党的教育方针落实立德树人根本任务[N].人民日报,2019-03-19(01).

[3][4] 本书编写组.思想道德修养与法律基础:2018年版[M].北京:高等教育出版社,2018:7.

[5] 董玉节.论高校思想政治理论课教师课堂"驾驭力"的彰显维度[J].思想理论教育导刊,2019(1):110-114.

[6] 马克思恩格斯选集:第1卷[M].北京:人民出版社,2012:139.

[8] 付桂军.新形势下高校思想政治理论课的教学的调查与思考[J].学校党建与思想教育,2015(1):41-43.

立德树人融入马克思主义基本原理课程教学的新型载体创设

刘祖锋

（荆楚理工学院，湖北 荆门 448000）

摘 要：马克思主义基本原理课程属于落实立德树人根本任务的核心课程，立德树人融入马克思主义基本原理课程教学是必然的。在合理研判创设新型载体的动因基础上，构建了主导融入的专题教学载体、强化融入的原著选读载体、拓展融入的在线课程载体。

关键词：立德树人；"原理"课程教学；新型载体

立德树人是高等教育的根本任务，强调培养德才兼备、全面发展的人，马克思主义基本原理（以下简称"原理"）课程是高校通识教育课程，强调阐释马克思主义基本原理。立德树人与"原理"教学是辩证统一的，立德树人需要以"原理"课教学为依托，"原理"课教学必须以立德树人为任务，二者内在的价值追求高度契合，由此可以看出立德树人融入"原理"课教学具有理论逻辑性和实践逻辑性。本文立足于增强立德树人融入"原理"课教学的实效性，从专题讲授、原著选读、在线课程三个层面切入，探讨立德树人融入载体的创设和利用。

基金项目：本文系 2017 年度荆楚理工学院教研项目"平行课堂条件下教师教学竞争力评价与提升策略研究"（JX-201731）的阶段性成果。

作者简介：刘祖锋，男，荆楚理工学院马克思主义学院副教授，主要从事马克思主义理论教育教学研究。

一、合理研判：创设融入新载体的动因

回顾中国共产党创办高等教育的历史，我们深刻认识到立德树人是中国共产党教育思想的核心体现，并且贯穿和发展于中国革命、建设与改革的各个历史时期。党的十八大首次提出把立德树人作为教育的根本任务以来，立德树人的重要性在北京大学和北京师范大学师生座谈会、学校思想政治理论课教师座谈会，以及不同时期的全国高校思想政治工作会议等会议上被多次提及并加以强调。在2018年9月10日召开的全国教育大会上，习近平总书记指出：要把立德树人融入思想道德教育、文化知识教育、社会实践教育各环节，贯穿基础教育、职业教育、高等教育各领域，学科体系、教学体系、教材体系、管理体系要围绕这个目标来设计，教师要围绕这个目标来教，学生要围绕这个目标来学。高校思想政治理论课是落实立德树人根本任务的关键课程，其中马克思主义基本原理课程属于核心课程之一，立德树人是"原理"课教学的价值目标和时代使命。因此，创设融入新载体是必然的，也是必需的。

（一）从意识形态维度分析，有助于抢占传播阵地

党的十九大报告指出：意识形态领域斗争依然复杂，国家安全面临新情况。意识形态维系着一个政党、国家、民族的前途命运，在现代国际关系格局中，只要还有敌对势力，意识形态领域的斗争就会长期存在，就不会停止。随着全球化的不断深入发展，经济多元、价值多元、文化多元的特征不断呈现，经贸领域的摩擦、政治领域的博弈、思想领域的斗争愈发频繁。西方"利己主义""民粹主义""普世价值"等思潮在我国的传播，干扰着意识形态工作的开展，影响着具有强大凝聚力、引领力的社会主义意识形态的建设。新的形势下，切不可总想着"西天取经"，不念或者念不好马克思主义的"真经"。处在时代变迁、文明互鉴之中的高校要直面各种错误观点和思潮，要传导主流意识形态，就必须捍卫和坚持马克思主义在意识形态领域的指导地位，就必须抓住立德树人这个根本，才能做到在多样中有主体、在多变中有主线、在多元中有主导。在经济全球一体化的复杂环境中，学习习近平总书记关于意识形态的重要思想，坚定正确政治立场，不断创新立德树人融入"原理"课教学的载体是当前的迫切需要。

(二)从时代新人维度分析,有助于引导大学生坚定理想信念

理想信念是精神上的"钙",是人的精神支柱和精神脊梁,是鼓舞人们前进和奋斗的强大精神动力。习近平总书记指出:"青年时代树立正确的理想、坚定的信念十分紧要,不仅要树立,而且要在心中扎根,一辈子都能坚持为之奋斗。"[1]当前,中国特色社会主义进入了新时代,在培养什么人、怎样培养人、为谁培养人这个根本问题上,必须旗帜鲜明。广大青年学生立志成为能够担当民族复兴大任的时代新人,就需要对视野、胸襟和理想有深入的了解,需要对宇宙、社会和人生有深刻的思考,需要对国家、民族和人类有足够的关心。"立德树人"中心环节必须坚持以学生为本,青少年阶段是人生的"拔节孕穗期",最需要精心引导和栽培。为此,就要将立德树人融入"原理"课教学进程中,给学生心灵埋下真善美的种子,让真理武装头脑,让真理指导理想,让真理坚定信仰。"原理"课教师要不断利用新载体,把理论知识转化为不可撼动的理想信念,引导学生增强"四个自信",践行社会主义核心价值观,自觉融入实现中华民族伟大复兴的奋斗之中。

(三)从"原理"课教学维度分析,有助于提升教师教育教学能力

教育教学能力是教师职业素质的集中体现,由知识与技能构成,是从事思想道德教育、理论教学、实践活动需要的各种能力的总和。马克思主义基本原理课程教学在对学生传授具有普遍真理性知识的同时,要求帮助青年学生树立科学的世界观、人生观和价值观,提高学生分析和解决问题的能力。由于受到传统高等教育理念、教学方法的影响,部分教师较注重原理知识传授,对人才培养规格、培养形式和培养路径把握不准,对教学方式研究重视程度不够,对教育信息技术发展的前沿了解不多,教育教学效果与人才培养目标要求还存在一定差距。因此,围绕立德树人根本任务,应该积极推动"原理"课教师深入思考、探索人才培养的内涵和规律,重新审视立德树人融入"原理"教学的标准、方案和渠道,进一步确立与立德树人根本任务相适应的教育教学理念,牢固树立新时代人才观、质量观和教学观,坚守课堂教学的底线,将立德树人的理念贯穿于"原理"课程的内容设计、教学改革、社会实践、学业考核等全过程。

二、专题教学：主导融入的核心载体

在教育部高校思想政治理论课教学指导委员会"马克思主义基本原理概论"分教指委 2018 年会上，逄锦聚教授要求进一步推进"原理"课程专题教学。"原理"专题教学就是依据"原理"教学大纲，按照"原理"的内在思想和逻辑关系对教材的章节内容进行整合、提炼、概括和充实，形成既有知识架构又相对独立的系列专题，比较集中地进行课堂教学的方式。"原理"专题教学是我国高等教育改革背景下提升教学实效性的必然选择，应坚持立德树人，研究学生的认知规律和接受特点，发挥学生主体性作用，回答学生的思想困惑问题。"原理"专题教学载体创设可以从以下两个方面推进：

（一）构建团队，用师德引路

立德树人，教师是关键。教师是人类灵魂的工程师，承担着神圣使命，传道者自己首先要明道、信道。"原理"教师要努力成为马克思主义的传播者、党执政的坚定支持者，要以德立身、以德立学、以德施教，更好地担起学生健康成长指导者和引路人的责任。一是优化结构。科学构建教学、教研、科研三位一体的专题教学团队，立足马克思主义学院实际，依据"原理"课教学需求，组建"原理"哲学教学团队、"原理"政治经济学教学团队、"原理"科学社会主义教学团队等。积极探索运行机制，使教师在课堂教学中提高育人技能，在教研活动中提高学科素养，在科研过程中形成研究特色。二是争做表率。专题教学团队的每位成员要做"有理想信念、有道德情操、有扎实知识、有仁爱之心"的"四有"之师，要做"政治要强、情怀要深、思维要新、视野要广、自律要严、人格要正"的"六要"之师，成为立德树人的先锋和楷模，逐步形成一支"可信、可敬、可靠、乐为、敢为、有为"的"原理"专题教学团队。

（二）设计专题，用内容育人

加强专题教学设计，提高课程针对性。"原理"课程要以"立德树人"为基础，不断修改和完善专题教学内容，真正实现由教材体系到教学体系的转变。一是加强顶层设计。坚持将习近平中国特色社会主义思想和重要讲话精神融入课堂教学中，做好"三进"工作，强化主流意识形态引领。二是深化教学改革。应坚持"八个相统一"，推动改革创新，增强"原理"课的思想性、理论性和亲和力、针对性。三是科学规划内容。应厘清教材结构，明确教学目标，坚持培养时代新人的课程定位，整合理论知识，通过不同专题的有机衔接，发挥专题之间的协同效应，达到课程育人效果。例如：《马克思主义基本原理概论》（2018年版）第六章围绕教学目的，抓住"社会主义的发展及其规律"主题，可以形成两个专题，即专题一"科学社会主义一般原则及其实践"和专题二"社会主义在实践探索中开拓前进"。专题一主要讲授科学社会主义一般原则的九条内容，专题二主要讲授社会主义在实践中开拓前进是社会主义的重要发展特点，通过两个专题的教学，让学生理解中国特色社会主义，增强"四个自信"。

专题教学的形式多种多样，"原理"专题教学可以学习借鉴厦门大学专题教学改革的成功经验。2014年，厦门大学正式启动实施思政课综合改革创新工程以来，根据教师专业背景组建了若干个教学团队，形成了按需"备菜"（为学生量身定制思政课）专题教学运行机制，全面推行以问题为导向的专题教学新模式。第一步，找准问题。每学期开学初，利用网络、课堂等渠道，通过征集、调查等方式，了解和梳理学生关注的热点问题、难点问题。第二步，集体研讨。依据教材提供的教学要点，结合学生"想听"的问题，采用集体备课的方式，进行深刻分析与提炼，形成既有针对性又系统化的教学专题，让教师对专题的内容全面地理解和把握。同时对教学专题的案例、视频等进行不断修改和完善，做到学生的关注点与教材本身的有机结合，实现了全员全程全方位育人。

三、原著选读：强化融入的必要载体

马克思主义经典著作体现着人类探索真理的崇高精神，包含着人类的丰富思想，蕴含着马克思主义基本原理。在高校学生素质整体提升、传播手段科学先进的今天，必须引导高校学生在学习马克思主义经典著作方面有所创新、有所发展。我们应该重视经典、学习经典、研究经典，以此来逐步完成立德树人时代使命，原著选读载体创设可以从以下两个方面突破：

（一）学习经典，培养学生有格局

格局是建立在人的认知能力基础上的胸襟和眼界，"有格局"是立德

树人的重要内容，"高等教育应当培养出一批具有世界格局和国际视野，能够承担起全球责任、具备国际交往能力的新一代青年"[2]。培养学生具有全人类情怀的"大格局"是"原理"教学的价值追求。

一是开展读书活动。马克思主义经典著作主要有基本著作类、传记类和研究性论著类，基于本科高校学生专业（非思政专业类）实际和满足学生发展需要实际，选择著作不宜太难，不应求多，力求适当。如：《共产党宣言》、《资本论》（第一卷节选）、《社会主义从空想到科学的发展》、《卡尔·马克思》（节选）、《辩证法的要素》等。可以采用申报《原著选读》实践教学项目的形式进行，也可以借鉴其他高校活动的方式进行。例如北京大学马克思主义学院开展的"学马列　读原著"系列读书活动，中国人民大学马克思主义学院开展的"观澜讲坛"，华中师范大学马克思主义学院开展的"学马列　读原著　育新人"活动型思政课程等，积极开展"原著选读"读书活动，切实做到真学、真懂、真信、真用。

二是学习人格力量。在纪念马克思诞辰 200 周年大会上，习近平总书记指出：马克思一生饱尝颠沛流离的艰辛、贫病交加的煎熬，但他初心不改、矢志不渝，为人类解放的崇高理想而不懈奋斗，成就了伟大人生。从树立为人类幸福而工作志向的中学时代到努力从更宏大的视野思考人类社会发展问题的晚年，马克思毕生的使命就是为人民解放而奋斗。马克思等思想家的人生道路是有价值的，不但是因为才华出众，更重要的是他们用世界眼光为人类指出了通向解放的科学道路。作为"一带一路"倡议的提出者，作为世界第二大经济体，作为安理会常任理事国，日益走近世界舞台中央的中国既有责任、也有能力为人类繁荣与进步作出新的更大贡献。这就对我们"原理"教学提出了新的要求，如何通过教学使青年学生能够摆脱民族主义的狭隘眼光，真正站在构建人类命运共同体、建设一个更加美好世界的角度去思考人生，思考人类。学习经典，尤其是学习经典人物的崇高风范，激励学生具有为坚持和发展中国特色社会主义事业奋斗终生的雄心壮志。

（二）解读原著，教育学生有信仰

马克思主义的主体内容由马克思主义哲学、马克思主义政治经济学和科学社会主义三个部分组成。解读原著的目的就是在史论结合的基础上，坚持科学性与思想性相统一、理论与现实相统一，从经典文本出发去研究马克思主义理论，让学生认识和了解马克思主义理论，坚定对马克思主义的信仰。

一是澄清认识，增强定力。在"原理"课程教学过程中，部分学生会存在这样或者那样的疑惑，为了释疑解惑、澄清认识，对于马克思主义经典著作，既不能机械教条地讲授，又不可以随心所欲地界定，要善于区分经过检验和未经过检验的原理、基本原理和具体结论。教师要向学生讲清楚，在马克思和恩格斯文本中某个论断或预测有可能是会过时的，例如，在《共产党宣言》德文版序言（1872 年）中，马克思和恩格斯指出"由于最近 25 年大工业的巨大发展和工人阶级政党组织的迅速发展，由于有了二月革命和巴黎公社的实际经验，《共产党宣言》这个纲领有些地方已经过时了"[3]，但马克思主义基本原理是可以被丰富而不会过时的，我们要坚决批判"马克思主义过时论"。解读原著，能够让学生准确把握马克思主义的源头和根基，充分相信马克思主义是有强大生命力的。

二是回应现实，展示价值。在近年来，受金融危机和社会危机的影响，《资本论》等著作在欧美地区出现热销，相关研究和讨论也出现热潮，西方发达国家一些有识之士重新到马克思主义中寻求解决方案。人类社会怎样面对和处理贫困、贸易保护主义、气候变化、恐怖主义、地区冲突、难民潮等全球性问题，还是需要到马克思主义中寻找智慧和答案。马克思主义致力于揭示人类历史的发展规律，指明了从必然王国向自由王国飞跃的途径。在人类思想史上，没有一种思想理论或者学说超越马克思主义的科学性和影响力，马克思主义的真理威力是巨大的，马克思主义对人们认识世界、改造世界和创造美好生活具有不可替代的作用。我们"要把读马克思主义经典、悟马克思主义原理当作一种生活习惯、当作一种精神追求，用经典涵养正气、淬炼思想、升华境界、指导实践"[4]。

四、在线课程：拓展融入的重要载体

在 2019 年 3 月 18 日召开的学校思想政治理论课教师座谈会上习近平总书记强调：加快推进教育现代化、建设教育强国、办好人民满意的教育。《关于加快建设高水平本科教育全面提高人才培养能力的意见》也提出要推动课堂教学革命，以现代信息技术推动高等教育质量提升的"变轨

超车"。随着互联网、大数据、人工智能、虚拟现实等现代技术在教学中的应用,线上线下教育得到了深度融合。"原理"在线开放课程就是依据知识建构理论,从"原理"课程基本教学内容出发,基于学习数据分析打造优质学习资源,借助"云+端"的应用促进课程教学的信息化、智能化,提高"原理"教育教学效率和质量的一种开放课程。立德树人要抓住在线开放课程这个新型载体,加强内容选择和环节设计,拓展空间,丰富资源,做好在线教学,争夺网络话语权,增强育人效果。"原理"在线课程载体创设可以从以下两个方面发力:

(一)课程研发,拓展树人资源

目前我国已经首批认定了490门国家精品在线开放课程,其中马克思主义基本原理概论课程有2门(北京大学孙来斌和福建农林大学林贤明),开课平台为爱课程(中国大学MOOC)。当前很多高校研发了各种形式的"原理"教学在线课程,但利用率较低,主要用于作业布置、课后辅导,而且粘贴、复制或者链接较多,其教育效果难以达到智慧课堂预期要求。为此,我们需要加大开发课程力度,拓展立德树人资源,用理论育人,用实践育人,培养学生树立正确的"三观"。

一是研发要准。突出立德树人的指导性地位,拓展"原理"在线开放课程的宽度。其一,校本研发。根据院校类型和层次,立足满足学生实际需求,进行校级、省级、国家级"原理"在线开放课程的分层与分类建设。坚持质量优先,推出特色鲜明的"原理"在线开放课程,"双一流"高校主要面向培养研究型人才研发,地方本科高校主要面向培养应用型人才研发,从而形成百花齐放的局面,真正做到大繁荣大发展。其二,资源共享。由于校际优质教学资源不平衡,在保持本校特性的基础上鼓励开放交流,充分利用国内的优质教育资源革新在线内容、提升教育品质,让学生全面了解"原理"在线开放课程。

二是布局要巧。发挥立德树人的引导性作用,拓展"原理"在线开放课程的深度。重视学生在个性化学习过程中的参与度和获得感,让学生学会正确的辩证思维方法和现代科学思维方法,学会运用马克思主义基本原理去解释社会问题。积极引导学生自我管理,提升自主学习能力。其一,课程模块。根据不同人才培养特点和能力素质要求,合理布局"原理"在线开放课程模块。按教学内容划分,可设计哲学、政治经济学、科学社会主义三大模块。按学生需求划分，可设计通识教育类、交叉复合类、创新创业类三大模块。其二，在线栏目。"原理"课程的辩证唯物主义、历史唯物主义、政治经济学、科学社会主义等方面的理论较深、知识点较多，应该围绕课前、课中、课后三个教学闭环，按照立德树人融入教学的基本原则和要求开设栏目，注重学情分析、资源发布、成果分享、实时测评、个性化推送、交流互动等环节的利用。

（二）在线教学，掌控话语权

随着5G时代的到来，网络已经成为意识形态斗争的最前沿主战场，在线开放课程建设"正在成为世界各国争夺教育主导权、话语权的重要阵地和焦点领域，并日益成为争夺教育对象、价值观输出的重要载体"[5]。"原理"在线开放课程既是传播平台又是立德树人的融入载体，能够让党的声音传得更开、传得更广、传得更深入。

一是抢占学习时空。大学生生活在现实与虚拟相互交织、相互转换的特殊场域，其精力被互联网强大的娱乐功能所分散，马克思主义意识形态原有时空很容易被挤占，"原理"课程的价值引领作用得到充分发挥的难度增大。突破传统时空概念的"原理"课程在线学习，主要采取"云＋端"的服务方式，通过励志君、微助教、学习通等App软件，传输有关唯物论、辩证法、认识论、唯物史观等方面的图片、视频、习题等信息资料，以引起青年学生的注意并提高他们的学习兴趣，从而主动占据文化认同时空、思想认同时空、政治认同时空等。

二是加强话语引导。现代网络已经发生了质的变化，从信息源转变成了思想源。作为"原理"课教师，对网络话语走向和呈现的特性要及时关注和分析，对学生关心的讯息应快速回复和解答。"原理"课程在线教学主要采取小组讨论的学习方式，依据活动中心栏目，实现与学生的良性互动，利用马克思主义话语体系对学生生活、学习进行正向引导。掌握话语主动权，自觉抵制错误思潮，形成良好的网络生态，实现立德树人的目标。

参考文献：

[1] 中共中央文献研究室.习近平关于青少年和共青团工作论述摘编[M].北京:中央文献出版社,2017:23.

[2] 靳诺.立德树人:高等教育的根本任务和时代使命[J].中国高等教育,2017(18):8-12.

[3] 陈先达.马克思和马克思主义[M].北京:中国人民大学出版社,2016:385.

[4] 习近平.在纪念马克思诞辰 200 周年大会上的讲话[N].人民日报,2018-05-05.

[5] 高思文.高等教育改革发展趋势[G]."形势与政策"专题讲稿:2018—2019 学年度下学期,2019:121-132.

立德树人维度下"纲要"课教学创新研究

李晶洁

(荆楚理工学院,湖北 荆门 448000)

摘　要:"立德树人"是高校教育的根本任务。"纲要"课作为高校思想政治理论课之一,旨在增强大学生民族自尊心、自信心和自豪感,促使大学生将爱国情感和民族精神内化于心、外化于行,其学科特色与"立德树人"的教育目标相一致。本文以立德树人为维度,从更新教学理念、优化教学内容、改进教学方法三个方面探讨了如何进行"纲要"课的教学创新,培养学生的使命感与责任感,让学生牢记"四个选择",坚定"四个自信"。

关键词:立德树人;"纲要"课;教学创新

"立德",即树立德业,培养良好的道德品质。"树人",即通过教育培养造就人才。2012年,党的十八大首次将"立德树人"确立为教育的根本任务。2016年12月,习近平总书记在全国高校思想政治工作会议上指出:"高校思想政治工作关系高校培养什么样的人、如何培养人以及为谁培养人这个根本问题。"[1] "要坚持把立德树人作为中心环节,把思想政治

基金项目:本文系2019年度荆楚理工学院教学课题"基于微信公众平台的移动学习模式在'思想道德修养与法律基础'课教学中的应用研究"(JX2019-073),2018年度湖北省教育厅人文社科研究项目"习近平总书记有关文化自信思想的多维视角研究"(18Y166)的阶段性成果。

作者简介:李晶洁,女,荆楚理工学院马克思主义学院讲师,主要从事思想政治教育研究。

工作贯穿教育教学全过程,实现全程育人、全方位育人,努力开创我国高等教育事业新局面。"[2]"人"是思想政治教育工作的出发点。教学从来都不是单纯的知识传授,最终还是为了达到育人的目标。高校思想政治理论课是"立德树人"的核心课程,在"培养什么样的人、如何培养人以及为谁培养人"这个根本问题上起着关键作用。作为高校思想政治理论课之一,中国近现代史纲要(以下简称"纲要")课要贯彻落实"立德树人"的根本任务,必须从教学理念、教学内容、教学方法等方面进行全方位的教学创新,不仅要使学生掌握书本上的中国近现代历史知识和基本理论,而且要通过教学提升学生运用历史唯物主义分析问题和解决问题的能力,更要关注学生的成长和发展,实现"立德树人"的育人目标。

一、立德树人维度下"纲要"课教学理念的更新

理念是实践的先导和灵魂,教学理念是教师从事教学活动的基本思想、策略和态度,对教学活动起着重要的指导作用。贯彻落实"立德树人"的根本任务,教学理念的更新是至关重要的因素,所有课程的教学创新都是建立在与之相适应的新的教学理念的基础之上。立德树人维度下"纲要"课教学创新的首要环节,就在于"纲要"课教师必须更新教学理念,在比较、鉴别、批判、继承传统教学理念的基础上加以扬弃和创新,真正建立起与"立德树人"要求相适应的、能体现以人为本的教学理念。以立德树人为维度,"纲要"课教学理念的更新体现为两个转变:

(一)从以知识传授为主向以学生发展为本转变

传统的"纲要"课教学理念注重的是知识传授,以学生"学会"为目标。在"以知识传授为主"的教学理念指导下,形成了教学过程中教师的课堂权威,强调的是课堂上教师的"教"以及学生对教师所"教"内容的接受。这种教学理念在一定程度上弱化了学生的主体性,使学生成为被动接受知识的"容器",难以激发学生学习的积极性和主动性。

而立德树人维度下的"纲要"课教学理念注重的是学生发展,是以学生"会学"为目标。在"以学生发展为本"的教学理念指导下,"纲要"课贯穿"以人为本"的教育思想,以"立德树人"为目标,以价值引领为核心,把学生的健康成长作为教育教学的出发点和落脚点,尊重学生的主

体性，启发学生的学习自觉性，关注学生的个性特征，促进学生全面发展。"纲要"课虽然以讲授中国近现代史为主要内容，但作为高校思想政治理论课程之一，它所承担的不是单纯的历史教育功能，而是鲜明的思想政治教育功能。因此，要做到"以学生发展为本"，实现"立德树人"的目标，必须在教学过程中做到以下两方面：

第一，用历史事实来阐明中国近现代历史的发展规律和经验启示，从历史的角度充分发挥"纲要"课的思想政治教育功能。通过对中国近现代以来社会和历史发展的讲解，阐明历史发展规律和经验启示，使学生全面准确地了解我国从1840年鸦片战争开始一步步沦为半殖民地半封建社会、又重新走向光明的近现代历史，充分认识历史和人民选择马克思主义、选择中国共产党、选择社会主义道路、选择改革开放的历史必然性，正确认识国家的前途和命运，从而树立正确的世界观、人生观和价值观。

第二，以学生的实际思想问题为出发点，在教学过程中有针对性地联系学生关注或困惑的现实问题进行分析解读，从正面引导学生理性客观地分析问题，充分发挥学生的主体性和认知力，切实把正确的思想观念内化于心、外化于行，从而突破知识本位，走向能力本位。

（二）从注入式教学向师生"双主体"互动式教学转变

传统的"纲要"课教学是以知识传授为中心，教师的任务是传授知识，学生的任务是接受知识，形成了以教师单向讲授为主体的注入式教学。这种注入式教学使教师成为课堂的主导者和权威，学生成为知识的接受者，既不利于提高教师的教学创新能力，又不利于培养学生的自主学习、独立思考和解决实际问题的能力。

"以人为本"是立德树人维度下的"纲要"课教学理念的核心思想。这里的"人"既包括教育者（教师），也包括受教育者（学生）。从这个意义上看，立德树人维度下"纲要"课教学理念的更新体现在从注入式教学向师生"双主体"互动式教学转变。"双主体"是指教师和学生都是教学主体。师生"双主体"互动教学的核心是"参与""互动""发展"，关键在于确立一种新型师生关系——一种以学生为中心，教师是学生学习的组织者和引导者的关系；一种师生之间平等的对话关系；一种可以共同参与、共同探究、相互合作的"伙伴"关系。在这种新型的教学理念下，教师的主体性和学生的主体性是既对立统一又相辅相成的：教师是学生学习的组织者和引导者，其主体性的发挥是为了学生主体性的发展，学生主体性的发挥和发展反过来又可以促进教师主体性的发挥和发展。师生双方在"双主体"教学的相互作用中，都将得到提高和发展。

当然，师生"双主体"互动教学并不意味着对学生放任自流，而是要合理发挥教学过程中教师和学生两个主体的作用。"纲要"课实行师生"双主体"互动教学，应贯穿在备课、授课等教学的各个环节中。备课要有针对性和导向性。针对中国近现代史中学生感到困惑的、有兴趣的、重大的历史问题进行备课，精选学习讨论的重点问题，既要注重激发学生的爱国情感，又要注重引导学生学会理性客观地审视和评价历史。授课要有启发性和延伸性。授课内容可以选择重要历史人物和有影响的历史事件为专题，以问题为引导，使学生能积极参与到课堂教学中，发挥其主体性，培养学生的独立思考和探究能力。

二、立德树人维度下"纲要"课教学内容的优化

教学内容是"教"与"学"相互作用过程中传递的主要信息。教学内容的选择与组织直接影响教学目标的实现程度。因此，教学内容的优化是立德树人维度下"纲要"课教学创新的中心环节。"纲要"课作为高校思想政治理论课之一，其教学内容必须立足教材，不能脱离教材，但立足教材不等于照本宣科，而是要"因事而化、因时而进、因势而新"[3]，贴近当前大学生所关注和困惑的问题，将教材体系转化成教学体系，充分挖掘和开发利用"纲要"课中丰富的思想政治教育资源，增强"纲要"课教学的针对性和实效性，实现"立德树人"的教育目标。那么，立德树人维度下如何将教材体系转化成教学体系，优化"纲要"课教学内容？

（一）以史为本，以问题为导向形成专题

"纲要"课作为高校思想政治理论课之一，和其他三门思想政治理论课最大的区别在于这门课程中所蕴含的历史属性。"纲要"课讲述的是从1840年第一次鸦片战争爆发至今中国180多年的历史，所以这门课程的讲授不是简单地论述相关理论，而是要用历史事实去阐明180多年来中国

近现代历史的基本问题和理论观点。"一切从实际出发"是马克思主义的基本原则,"纲要"课的教学也必须遵循这一原则,做到一切从历史实际出发。换言之,"纲要"课的教学内容优化首先要做到以史为本,即以客观真实的历史为根本。只有立足于客观真实的历史基础上,才能从宏观的角度观察和分析中国近现代历史,才能透过纷繁复杂的历史现象看到历史本质,才能在此基础上提出切实的见解,得出科学的评价。只有这样才能使学生在认清中国近现代真实历史的基础上,充分认识"四个选择"的历史必然性,从而坚定"四个自信"。

"05方案"以来,"纲要"课教学一直存在着一个难题——内容丰富,但课时有限。"纲要"课讲述了从1840年至今中国180多年的历史,时间跨度长,但课时十分有限。怎样在以史为本的基础上进一步优化教学内容,在有限的课时中达到教学目标呢?2016年5月17日,习近平总书记在哲学社会科学工作座谈会上指出:"坚持问题导向是马克思主义的鲜明特点。"[4]这一讲话为"纲要"课教学内容的优化找到了突破口和切入点——以问题为导向。以问题为导向形成专题,整合教学内容,能利用有限的课时,运用历史素材最大限度地达到"立德树人"的目标,其关键点在于选择什么问题?关于这一点,可以从教学对象和教学目标两方面进行分析:"纲要"课的教学对象是高校学生,"00后"已经逐渐成为当前高校学生的主体;"纲要"课教学的最终目标是"立德树人",是培养中国特色社会主义事业的建设者和接班人。所以,以问题为导向形成专题包括两方面:一方面是以青年大学生的问题为导向,聚焦青年大学生的思想困惑和关注重点,并将其融入教学问题体系中,实现学生的问题和教师的问题的有机对接;另一方面是要将现实社会重大问题的相关素材和教学资源与"纲要"课教材内容相融合,形成具有代表性的典型问题,与教学内容有效衔接。通过对专题中典型问题的分析和探讨,激发学生学习的主动性和积极性,引导学生独立思考,主动地分析和解决问题,由被动的知识接受者转化为主动的学习参与者。

(二)以史育人,以价值引领为核心突出重点

国无德不兴,人无德不立。培养什么样的人、如何培养人,是教育要回答的根本问题。要回答好这一根本问题,就要坚持正确的政治方向和价

值导向,贯彻落实"立德树人"这一根本任务。"纲要"课作为一门兼具历史教育功能的高校思想政治理论课,其教学内容的优化必须以马克思主义理论为指导思想,充分发挥其以史育人的功能,引导学生树立正确的历史观和社会主义核心价值观,达到思想政治教育的目的。从这个意义上来看,"纲要"课教学过程中历史资料的选择、教学资源的整合和运用最终都是为了解决学生的思想困惑和现实问题。"历史是最好的教科书"[5],也是思想政治教育最好的载体,历史知识在大学生世界观、人生观、价值观的形成中发挥着重要作用。围绕"立德树人"的根本任务,如何优化"纲要"课的教学内容,将大学生的关注点和教材重难点相结合,有针对性地解决大学生的思想困惑和现实问题,发挥以史育人的功能,达到思想政治教育的目的?要解决这一问题,可以从"纲要"课的教学目的着手。"纲要"课的教学目的是帮助学生"了解国史、国情,深刻领会历史和人民是怎样选择了马克思主义,选择了中国共产党,选择了社会主义道路,选择了改革开放"[6]。

第一,"了解国史、国情"并不是仅仅停留在知识层面的了解,而是在对国史、国情了解的基础上,让学生能够深刻认识中国的过去与现状以及二者发展历程,从而使得学生能够树立民族自尊心、自信心和自豪感,认同本民族的优秀文化传统,培养其使命感和责任感。历史虽然发生在过去,但其价值却体现在现在,并引领着未来。"纲要"课不应该只是引领学生走进历史,而是培养学生通过认识历史来把握社会现实、改造现实。而改造现实的前提是有马克思主义的正确指导思想和社会主义核心价值观的正确引领。

第二,深刻领会"四个选择"也并非简单地了解"四个选择"的历史过程,而是在对"四个选择"的历史过程了解的基础上,明确中国近现代历史的主题、主线、主流和本质,通过对重要历史人物、重大历史事件的分析,使学生提高运用唯物史观科学评价历史问题、客观总结历史经验和教训、把握历史规律的能力,从而树立正确的世界观、人生观和价值观,坚定"四个自信",真正发挥"纲要"课作为思想政治理论课的作用。

因此,优化"纲要"课的教学内容,发挥以史育人的功能,必须将马克思主义中国化理论成果和社会主义核心价值观与教材内容相融合，重点挖掘其中蕴含的爱国主义精神，整合近现代180多年来中国爱国青年的案例素材。通过对典型案例的分析和探讨，引导学生深刻认识历史上的爱国青年如何将个人命运与国家、民族和人民的命运紧密联系在一起，引导学生在历史选择中认清个体生命与阶级、民族共同体命运之间的关系，在体验历史人物生命观的追求和实践过程中了解国史、国情[7]，以此引发学生的政治认同和情感共鸣，培育学生的爱国情怀，从而更加坚定马克思主义信仰、树立共产主义远大理想和中国特色社会主义共同理想，更好地培育和践行社会主义核心价值观。

三、立德树人维度下"纲要"课教学方法的改进

教学方法是在教学过程中师生双方为实现教学目标、完成教学任务而采取的各种活动方式的总称，主要包括教师"教"的方法和学生"学"的方法两个方面，是教授方法与学习方法的统一。教学方法决定着教学效果和教学质量，对教学目标的实现和教学任务的完成具有极其重要的影响。因此，教学方法的改进是立德树人维度下"纲要"课教学创新的重要环节。通过开展以问题为导向的专题教学、推进线上线下混合式教学来改进教学方法，培育学生的历史思维能力，使教学过程对学生具有启发性和参与性，师生双方能在教学过程中平等对话、互动交流，增强学生的情感体验，激发学生的求知欲和探索欲，提高"纲要"课的教学实效性。

（一）开展以问题为导向的专题教学，培育学生的历史思维能力

"纲要"课的教学目的是让学生做到"两个了解"、理解"四个选择"，教学的着重点不在于"历史是什么"，而在于"为什么历史是这样发展的"。因此，"纲要"课教学可以打破教材中的章节，开展以问题为导向的专题教学。以问题为导向的专题教学，既要照顾到历史的整体性，又要突出重点；既要讲道理，又要讲故事，通过叙述历史进程、历史事件和历史人物的生动故事，揭示历史规律，总结历史经验，达到育人效果。

以问题为导向的专题教学方法立足教材，将教学内容分为三大部分，每一部分以典型问题为导向：第一部分是整体引入，以"大学生为什么要

学习中国近现代史"为导向,从整体上介绍"纲要"课的基本要求,学习这门课程的意义和方法,中国近现代史的主题和主线,引导学生深入了解并树立正确的马克思主义历史观。第二部分以讲清楚"四个选择"为目标,以中华民族伟大复兴中国梦的提出和无数仁人志士为实现这一梦想而不懈奋斗的历史进程为主线,同时遵循从旧民主主义革命到新民主主义革命,再到社会主义革命和建设、改革开放,直到中国特色社会主义进入新时代的历史脉络。其中设定了若干个问题,比如"中华民族伟大复兴的历史任务是如何提出的?""对国家出路的早期探索为什么没有成功?""为什么说辛亥革命既成功了又失败了?""为什么说历史和人民选择了马克思主义?""为什么说中国共产党的成立是开天辟地的大事变?""中国革命新道路是怎样探索和开辟的?""为什么说中国的抗日战争是神圣的民族解放战争?""为什么说中国共产党是中国人民抗日战争的中流砥柱?""为什么说'没有共产党,就没有新中国'?""怎样理解社会主义制度在中国的确立是历史和人民的选择?""如何正确认识社会主义建设的成就与探索中的曲折?""中国特色社会主义是怎样开辟并接续发展的?""党的十八大以来党和国家事业发生了怎样的历史性变革?"等等,以这些问题为导向引导学生思考和领会"四个选择"的历史必然性。第三部分是整体回顾总结,以"怎样正确认识中华民族迎来了从站起来、富起来到强起来的伟大飞跃"为导向,对中国近现代史进行回顾和总结,使学生深入了解"四个选择"的正确性,进一步坚定中国特色社会主义共同理想和共产主义远大理想。

"历史思维能力,既包括历史学科学习的思维能力,也包括从历史角度分析问题的思维观念和方法"[8],即用历史的眼光、历史的观念和方法认识历史、观察问题的思维活动能力。开展以问题为导向的专题教学,对学生学习"纲要"课具有一定的启发性和引导性,有利于学生用历史的眼光、历史的观念和方法认识历史、观察问题、科学评价,培育其历史思维能力,总结历史实践中的经验和教训,从中获得有益于改造现实的经验和方法。

(二)推进线上线下混合式教学,提高学生的自主学习能力

线上线下混合式教学是教育信息化时代背景下的一种新型的教学模

式。线上教学，是指教师利用互联网、移动终端、大数据、云计算等现代信息化技术构建线上网络教学平台，学生则利用所构建的教学平台中的教学视频、教学案例、PPT教案、习题等教学资源完成课后自主学习或参与师生、生生互动讨论。线下教学，是指教师根据学生的线上自主学习和互动讨论情况，选择典型问题在课堂上进行解答，解决学生的学习问题和思想困惑，帮助学生掌握教学重难点，完成课程教学目标。这种线上线下混合式教学有利于促进"教师—课堂—教材—学生"这种单一枯燥的平面化教学向形式多样的立体化教学转变，帮助学生提高课程学习参与度，提高自主学习能力，践行终身学习理念，切实落实立德树人教育的根本任务。

线上线下混合式教学在知识点视频学习、专题讨论学习、课后练习、小组合作学习、小组成果展示、评价反馈等环节充分考虑了学生学习的主动性。线上教学包括学生完成网络教学平台发布的学习内容，包括知识点的视频学习、专题讨论学习和课后练习等；线下教学包括学生小组合作学习、小组成果展示和教师评价反馈、专题讲授等。

线上线下混合式教学与师生"双主体"互动教学理念相吻合。通过线上线下混合式教学，一方面充分展现了学生在教学过程中的主体性，学生可以自主地选择学习的时间和方式，并通过线上教学平台发表自己在学习"纲要"课过程中出现的问题并能提出教学相关意见；另一方面，线上线下混合式教学要求教师除了在课堂上进行专题讲授之外，还需要定时在线上平台发布录制的课程知识点视频、进行网上答疑和评价反馈，这不仅有利于发挥教师在教学过程中对学生的引导作用，也能充分展现教师在教学过程中的主体性。师生双方在线上线下混合式教学过程中，都得到了提高和发展。

综上所述，立德树人维度下"纲要"课教学依托学科特点和优势，从教学理念、教学内容和教学方法三个方面进行教学创新，提高其教学实效性，充分发挥其思想政治理论课的育人功能。

参考文献：

[1][2][3]习近平在全国高校思想政治工作会议上强调:把思想政治工作贯穿教育教学全过程　开创我国高等教育事业发展新局面[N].人民日报，

2016-12-09(01).

[4] 习近平.在哲学社会科学工作座谈会上的讲话[N].人民日报,2016-05-19(02).

[5] 习近平在中共中央政治局第十八次集体学习时强调:牢记历史经验历史教训历史警示　为国家治理能力现代化提供有益借鉴[N].人民日报,2014-10-14(01).

[6] 本书编写组.中国近现代史纲要:2018年版[M].北京:高等教育出版社,2018:2.

[7] 韩小谦.高校思想政治理论课改革的难点和突破:以生命教育为视角[J].教学与研究,2010(8):81-86.

[8] 张金荣.浅谈"中国近现代史纲要"教学的三个切入点[J].国家教育行政学院学报,2009(8):22-24.

立德树人贯穿于思想政治理论课教学体系研究

曾 艳

(荆楚理工学院,湖北 荆门 448000)

摘　要:"立德树人"合二为一是当代教育实践的产物,在当前教育活动中具有新的时代意义。针对当前思想政治理论课的教学瓶颈,思想政治理论课教学的关键点与突破点在于"立德树人"。立德树人要有效融入思想政治理论课教学体系,必须增强思想政治理论课教学的责任意识,始终坚持"育人为本"的教育教学理念,不断创新教学模式,深化实践教学。

关键词:立德树人;思想政治理论课;教学瓶颈;有效途径

习近平总书记在北京主持召开学校思想政治理论课教师座谈会上指出,办好思想政治理论课,最根本的是要全面贯彻党的教育方针,解决好培养什么人、怎样培养人、为谁培养人这个根本问题,要不断增强思政课的思想性、理论性和亲和力、针对性。而解决好这个根本问题的关键就是"立德树人"。

作者简介:曾艳,女,荆楚理工学院马克思主义学院讲师,主要从事思想政治教育研究。

一、立德树人的科学内涵

(一)"立德"和"树人"的词语解释

"立德",字面释义为坚持德育为先,通过正面教育来引导人、感化人、激励人。"立德"在《左传·襄公二十四年》(约公元前549年)的原文是:"大上有立德,其次有立功,其次有立言,虽久不废弃,此之谓不朽。"[1]大意为:晋国范宣子问来访的鲁国大夫叔孙豹:"古人有言曰:'死而不朽',何谓也?"接着他就说他家从舜以上世代高官厚禄,直到他现在在晋执政为正卿,可谓不朽吧?穆子曰:"以豹所闻,此之谓世禄,非不朽也。鲁有先大夫曰臧文仲,既没,其言立,其是之谓乎!豹闻之,'太上有立德,其次有立功,其次有立言'。虽久不废,此之谓不朽。若夫保姓受氏,以守宗祊,世不绝祀,无国无之。禄之大者,不可谓不朽。""立德"乃人生三不朽之首。

"树人",字面意思为坚持以人为本,通过合适的教育来塑造人、改变人、发展人。"树人"一词最先在《管子·权修》的原文是:"一年之计,莫如树谷;十年之计,莫如树木;终身之计,莫如树人。"[2]意为"学习一年,如同收获树木果实;学习十年,如同收获树木成材;终身受益,成为栋梁"。

在我国传统的词汇学中,"立德"与"树人"虽是各自独立存在的,但在教育实践活动中,两词皆表达了以德为先、通透"德"的内涵与本质,以德的品格和能量塑造德才兼备的人才的重要性。

(二)"立德树人"在当前教育活动中的内涵与价值

"立德树人"合二为一是当代教育实践的产物,多用于学校校风校训标语当中。当前,立德树人又有了新时代意义。党的十八大报告中明确"把立德树人作为教育的根本任务"。"立德树人"这一根本任务的提出强调了道德的重要性,这是因为世界观、人生观、价值观是人们文化素养的核心与标志。道德素质与文化素质相辅相成,而不是道德素质决定文化素质。习总书记在全国教育大会的重要讲话中指出,教育改革发展要坚持把立德树人作为根本任务。立德树人,立德是基础,人无德不立。青少年学生正处于世界观、人生观、价值观形成时期,处于"扣好人生第一粒扣子"的关键阶段,立什么样的德,决定了其将会成为什么样的人。

那么，我们究竟应该怎样理解和定位"立德树人"在教育实践活动中的意义呢？首先，从"立德"和"树人"关系来讲，虽两词的使用既可以独立又可以合二为一，但两者回答了教育活动中的一个系统问题，"立德"回答了怎样培养人，用什么培养人，"树人"则解决了教育的目的，即培养什么样的人。其次，"立德树人"强调的不仅仅是对学生进行德育教育，唐朝经学家孔颖达注解："立德，谓创制垂法，博施济众，圣德立于上代，惠泽被于无穷。"由此我们可以理解为，"立德树人"首先强调的是垂范和示范作用，在学校教育中，教育工作者首先注重的是自身的德性修养，自身德性的提高对学生则起到示范和潜移默化的影响。从这一层面讲，2017年12月在北京召开了全国高校思想政治工作会议，习总书记明确强调：高校教师要坚持教育者先受教育，努力成为先进思想文化的传播者、党执政的坚定支持者，更好担起学生健康成长指导者和引路人的责任。再次，"立德"与"树人"解决了一个系统过程问题，它强调了在对学生教育的过程中，教育教学活动不仅仅是为了上好一门思想政治课，而且要把思想政治教育工作始终贯穿教育教学活动的全过程，从而实现全过程育人以及全方位育人。最后，"立德树人"提供了一个方法论，"立德"是"树人"的基础和保障，"树人"是"立德"所实现的全面性目标或总体目标[3]。

办好我国的教育事业，让学生成为德才兼备、全面发展的人才，就必须坚持马克思主义的科学指导地位，始终执行党的教育政策方针；努力传播马克思主义的科学理论，紧紧抓住马克思主义这一理论武器，为每个学生的成长奠定良好的思想基础；培育优良校风、学风，学校的整体发展要始终做到治理要有方、风清而气正、管理要到位。要围绕学生不放松、关注学生不间断、服务学生不停止，以此提高学生的思想政治水平、道德品行品质、政治觉悟以及文化素养。

二、当前思想政治理论课教学瓶颈

（一）高校思想政治理论课改革存在的误区

改革开放40多年来，高校思想政治理论课建设稳步推进，取得了巨大成绩。在师资队伍配置、教学内容丰富、教学方法系统化、教学手段多样化、教学组织形式结构化等方面都有了显著进步，高校思想政治理论课充分发挥其育人的功能，为我国特色社会主义现代化的强国建设培养出来一代代合格的建设者和忠实的接班人。但是我们也应清醒地认识到，我国经济社会结构正发生着深刻变化，意识形态工作形势日益严峻，互联网下信息传媒的改变等给高校思想政治理论课课堂教学活动带来了不小的压力，同样也导致高校思想政治理论课的改革方向进入了一些误区。例如教师对教学实际效果的不够关注；重视传递书本知识，意识形态工作淡薄；实践教学形式化，实效性较差。

（二）思想政治理论课教学引领力不足

现今造成思想政治理论课教学引领力不足的原因有二：其一是个别高校对思想政治理论课重视程度不够，体现在思想政治理论课教学时段安排不足，思想政治理论课教学队伍配置不齐，思想政治理论课实践教学存在形式主义，要么不安排实践教学，要么就是走马观花，不注重实际效果。其二是来源于学生本身，高校学生普遍认为思想政治理论课就是学校安排的一门公共课，只要按时上，考试及格即可。还有不少高校学生认为，思想政治理论课大多就是摆道理，与自己的生活关系不大，甚至认为思想政治理论课可有可无。有学者认为，思想政治理论课要提高学生的"抬头率"，同时获得学生的认同是思想政治理论的首要任务。思想政治理论课要提升亲和力和针对性，就需要不断在改进中加强，满足不同学生成长发展需求和期待，就需要与其他各门课同向同行，形成协同效应。我们依此可以看出，提高思想政治理论课的亲和力和引领力势在必行。

（三）思想政治理论课学科核心素养不明显

何为核心素养？在发布的《学生发展核心素养》中，核心素养被界定为学生应该必须具备的，能够适应自身终身发展以及社会发展所需要的必备的品格和关键的能力。那么学科核心素养，其实就是核心的学科素养，是学完一门课程以后，应该在学习者身上留下的体现学科核心的育人价值的东西。目前思想政治理论学科核心素养虽没有产生一致认同的观点，但基本是包括政治认同、理性精神、法治意识以及公共参与这四方面要素。

在这些学科核心素养中，培养学生的政治认同是思想政治理论学科的根本任务。政治认同是衡量一国政治制度、政治理论和政治实践的一个标准。它与一国人民的心理活动有着密切关系。人们生活在一定的社会环境中，在社会联系中首先是明确自己的社会身份，比如把自身个体视为某一政党团体的成员、某一阶级团体的成员、某一政治过程的参与者或某一政治信念的信仰者等,并自发地规范自己的政治活动,这种现象就叫作政治认同。培养学生的政治认同就是要培养学生对中国共产党和社会主义的情感和理性认识,使学生全力拥护中国共产党的正确领导。

理性精神,指具有理性精神的公民在利益平衡和价值选择以及重大事件面前,能够从实际出发,从人民利益出发,不被个人情绪和偏见所左右。在哲学中,理性是指人类能够运用理智的能力。相对于感性的概念,它通常指人类在审慎思考后,以推理方式,推导出结论的这种思考方式。感性和理性,都属于意识的范畴,且为意识的性质。理性,基于意识,是具有参照性的意识。培养学生的理性精神就是要使学生始终坚持马克思主义的世界观和方法论,对自身个人成长、社会的进步、国家的发展和人类的文明作出科学的价值判断和行为抉择。

法治意识是人们对法律发自内心的认可、崇尚、遵守和服从。培养学生的法治意识就是使学生尊法学法守法用法,自觉参加社会主义法治国家建设,法治意识是其他素养的必要前提或必然要求。

公众参与的狭义解释是公民在代议制政治中参与投票选举活动,即由公众参与选出代议制机构及人员的过程,这是现代民主政治的一项重要指标,也是现代社会公民的一项重要责任。公众参与的广义意思是除了公民的政治参与外,还必须包括所有关心公共利益、公共事务管理的人的参与,要有推动决策过程的行动。培养学生的集体主义精神,就是要学生树立为人民服务的奉献精神,积极去履行人民当家做主的政治权利和义务。

当前,很大一部分师生对思想政治理论课的认识不够准确,对思想政治理论课的学科定位、价值等不了解。有部分教师授课时照本宣科,教学内容枯燥空洞。部分学生把政治与政治学科挂钩,认为学习政治理论与其他学科存在差异。存在这些问题的直接原因就在于思想政治理论学科核心素养不明确。如何突破这一难关,习总书记给出了明确答案:必须围绕学生、关照学生、服务学生,遵循学生成长规律,不断提高工作能力和水平。

三、思想政治理论课教学关键点与突破点:立德树人

为什么思想政治理论课教学的关键点与突破点是立德树人呢?要回答

这个问题，我们首先要搞清楚现今高校工作的首位任务是什么？答案非常明确，那就是在新时代我国的高等教育要肩负起培养德智体美劳全面发展的社会主义事业建设者和接班人的这一重大历史任务和历史使命。

高校思想政治理论课教学的宗旨同高校的任务、使命和发展方向是一致的。两者之间是高度统一、有机联系的。高校自身的大发展为思想政治理论课指明了方向，思想政治理论课为高校任务的完成提供了保障。我们的思想政治理论课就是要教会广大学生学会并且能够熟练运用马克思主义的立场、观点、方法来观察世界，真正弄明白我们所面临的时代课题，把握人类发展的走向，清楚中国及世界发展趋势，领悟马克思主义真理的力量，力求为自己的成长成才打下很好的科学思想基础，对社会主义核心价值观有坚定的信仰，并且去积极地传播和践行。

（一）立德树人，新时代的要求趋之

1. 我国古代立德树人代表人物及主要思想。

我国古代在教育方面历来十分重视道德的培养，虽然这种道德的培养是与封建阶级政治服务的政治思想教育密切相关的，但是它也有积极的一方面。

中国古代思想家和教育家，儒家学派创始人孔子在道德教育中提倡："仁爱""礼义"和"明智"。"仁爱"是孔子思想中的核心理念，主要是指一种高尚的品德，"仁者爱人""克己复礼为仁"，樊迟问"仁"，孔子答曰"爱人"；颜回问"仁"，孔子答曰"克己"，曾子概括说，"夫子之道，忠恕而已"。人在社会中的义务，其形式的本质就是它们的"应该"，因为这些义务都是他应该做的事。但是这些义务的具体的本质则是"爱人"，就是"仁"。"仁"作为人的内在品质，"克己"要靠人对自身内在品质的自觉。"礼义"是"仁爱"核心的价值理念，"礼"是孔子道德教育的修身准则，是具体的人与人之间的相处之道，是把仁爱的思想运用到实践生活和学习中的行为规范，"礼"作为外在的礼仪规范，其作用就是为了调节人与人之间的关系，"礼之用，和为贵"。"明智"就是自知之明，能够正确地看待自己的优点和缺点，是一种道德品质和分析事物的能力。

秦汉时期思想家、哲学家、政治家和教育家董仲舒是这一时期在德育方面的代表人物之一。在道德教育方面，董仲舒把君臣、父子、夫妇这三论神圣化，归结为"王道三纲"。他强调"义"，"正其谊（义）不谋其利，明其道不计其功"（《汉书·董仲舒传》）。在德育的原则和方法上，他的思想更是独树一帜，一是"以仁安人，以义正我"，教导人们修己待人，养成严于律己、宽以待人的德行；二是"强勉行道"，人们的修养不只停在认识上，还应表现在其行为中，在"行道"中，人们要"谨小慎微""集善累德"；三是"明于性情"，在德育过程中要注意激发学生天性中美好的，抑制天性中所厌恶的；四是"必仁且智"，他认为德育与智育要结合起来。

朱熹是南宋的理学家、思想家、哲学家、教育家，朱熹继承了儒家一直重视道德教育的传统，强调要把道德教育放在学校教育的首位，道德教育的根本任务就是"存天理，灭人欲"。在道德教育的方法上，他的主张：一是"立志"，立志关系着个人成长的目标和方法；二是"主敬"，"敬"是修身和为学的一种专一态度；三是"存养"，是一种唯心主义的修养功夫；四是"省察"，道德教育过程中，人们必须对自己的思想和言行"无时不省察"；五是"力行"，要求人们把学到的道德知识付诸日常生活中去。

2. 立德树人，新时代中国教育的新要求。

习近平总书记指出，教育是民族振兴、社会进步的重要基石，是功在当代、利在千秋的德政工程。培养社会主义建设者和接班人，就必须有实现这一培养目标的教育体系，就要构建起形成高水平的人才培养机制，形成德智体美劳的教育体系。怎样才能构建起"德智体美劳全面培养的教育体系"？那就是以立德为重点，从德智体美劳诸方面全面发展。立德树人就需要在理想信念上下功夫，教育引导广大学生树立起中国特色社会主义远大理想和共同理想，就需要在加强品德修养上下功夫；教育引导学生培育社会主义核心价值观，就需要在增长知识、见识上下功夫，教育引导学生珍惜学习时光，求真理，悟道理，明事理。

（二）立德树人，思想政治理论学科改革使之

当前高校思想政治理论课改革走入了一些误区，学科建设对思想政治理论课的支撑也相对薄弱。如何正确把握思想政治理论课的政治性与学术性、价值性与知识性的关系，是现今思想政治课程改革的主要方向之一。

思想政治理论课是我国高等教育重要内容之一，是加强大学生思想政治教育的主力军，对大学生进行系统的、整体的思想政治理论教育，帮助大学生树立正确的"三观"，培养中国特色社会主义事业的合格建设者和可靠接班人，关系到我们培养的人，走什么路、为谁服务的问题，关系到党和国家事业的兴衰成败[4]。2004年，《关于进一步加强和改进大学生思想政治教育的意见》（即"16号文件"）由中共中央、国务院出台，要求充分发挥高校思想政治课在当代大学生教育中的主渠道、主阵地作用，助推大学生树立起正确的世界观、人生观、价值观。

（三）立德树人，思想政治理论课课堂教学必然之

思想政治教育理论课课堂的出发点和落脚点就是要把马克思主义内化为大学生的政治信仰，将党的政治纲领、方针路线、政策内化为大学生的潜在意识和自发自觉的行动。在课堂教学中，教师持什么样的理念，就会采取什么样的教学行动，如果一味地进行理论灌输而轻解答现实问题，注重单向灌输而轻师生互动，学生就会对课堂教学缺乏兴趣，认为思想政治教育与个人的发展没有什么关系。解决好"培养什么人、如何培养人"这一根本性问题，一是必须坚持"以人为本"的育人理念，二是要贯彻"全面发展"的教育方针，三是要落实"全面育德"的工作要求。

四、立德树人融入思想政治理论课教学体系的有效途径

2018年11月在成都举办的"新时代新要求新目标：立德树人融入教育体系"高端学术研讨会，对进一步贯彻落实党的十九大精神和全国教育大会精神，推动高校思想政治教育工作向纵深发展起到了重要作用，由此可见，立德树人融入思想政治理论课教学体系已经是锐不可当、大势所趋。

习近平总书记在主持召开的学校思想政治理论课教师座谈会上指出，思想政治理论课是对学生进行马克思主义理论教育和思想政治教育的主渠道、主阵地，在推进思想政治理论课改革创新的过程中，必须落实立德树人根本任务，把思政课打造成为教育引导学生坚定理想信念、树立"四个自信"、拥护中国特色社会主义和中国共产党的骨干课程。

（一）切实增强思想政治理论课教学的责任意识

学校教育属于上层建筑，归于意识形态范畴。我国走的是中国特色社

会主义发展道路，走中国特色社会主义发展道路从根本上讲就是要坚持社会主义发展方向，在高等学校教育中，也就必须走符合国情的中国特色社会主义办学道路。具体到思想政治理论课上，就是坚持用马克思主义作为指导，用习近平新时代中国特色社会主义思想铸魂育人，激励学生把爱国情、强国志、报国行自觉融入建设社会主义现代化强国的奋斗之中去，唯有如此，才能确保我们培养出来的是合格的、可靠的社会主义伟大事业建设者、接班人。各高校更要增强自己的思想政治理论课教学的责任意识，在思想政治理论师资配置上、科研经费保障上、教学课时量设计上、实践教学设计上要到位、足量。同时，积极推动其他学科的"课程思政"建设，使各类课程与思想政治理论课同向同行，形成协同效应。

（二）施课过程始终坚持"育人为本"的教育教学理念

理念是作为人们经过长期的理性思考及实践所形成的一种思想观念、精神向往、理想追求和哲学信仰。在具体教学上，教学理念决定教师的教学主导思想，比如当教师的主导思想是"为学而教"时，组织教学时就会以学生为主体，以学生存在的问题为主线开展教学。教学理念引导教师的教学设计，影响教师对教学任务的安排，制约学生主体评价作用的发挥，可以说教学理念是一切教学行为的基准。党的十八大报告首次将"立德树人"作为教育的根本任务提出，而"立德树人"就是在"育人为本"的基础上提出的，所以要完成立德树人这一根本任务，首先需要做到的就是"育人为本"，在整个施课过程中贯彻"育人为本"的教育教学理念。育人为本是教育教学的生命和灵魂，不仅要关注学生的当前的发展，更要关注学生的长远发展，满足人的全面发展的需求。秉持"育人为本"的教育教学理念，首先要坚持德育为先，习近平总书记强调"国无德不兴，人无德不立"，学校要把德育放在更加重要的位置，全面加强校风、师德建设，善于抓住每一个机会对学生进行育德。其次，坚持教育教学以促进人的发展为本，教育教学不仅仅是知识的传授，更多地注重人的全面素质的提高、能力的培养、个性的发展以及创新能力的培养，把德育、智育、体育、美育、劳动教育有机融合在教育教学活动的各个环节中。最后坚持主导性和主体性相统一，即以学生为主体，教师为主导。教师在课前要反复认真地钻研教材，进行严密的备课，根据教材和学生的实际制订合适的教学目标，设计出一个好的课堂导入先声夺人，集中学生的注意力，激发学生强烈的求知欲望，精心设计教学环节，采用行之有效的方法和技巧，充分尊重学生，相信学生，建立起一座通往师生彼此心灵的桥梁，教学中要变教师讲学生听的单向结构为教师讲学生听、学生讲教师听和学生之间交流的三向结构。以学生为主体就要让学生动起来，由学会到会学，让学生自己提出问题，让学生自己解决问题。正如习总书记强调的：把思想政治工作贯穿教育教学全过程，实现全程育人、全方位育人。

（三）不断创新思想政治理论课的教学方法

习近平总书记在中央政治局第十二次集体学习时指出，坚持导向为魂、移动为先、内容为王、创新为要，推动媒体融合向纵深发展，做大做强主流舆论，使主流媒体更具传播力、引导力、影响力、公信力。我们已进入一个新媒体时代，思想政治理论课教学模式也要随之改变，也需要"导向为魂、移动为先、内容为王、创新为要"。"导向为魂"是指在教育教学中全力引导广大学生树立起中国特色社会主义共同理想，不断增强学生的中国特色社会主义的"四个自信"，引导学生自觉地践行社会主义核心价值观，修好品行品德，成为有情怀的人。"移动为先"是指在教学中合理运用网络教学平台，聚焦教学重难点，充分利用现代多媒体技术开展凝练教学重难点的"微"教学[5]。"内容为王"则是指在每一节教学活动中，教学内容能满足学生的需求，对学生来说，教师讲的是有价值的，是能与自己的生活、工作息息相关的。"创新为要"是指教学手段多样化，理论与实践相结合，增强课堂教学的趣味性和吸引力，提高学生上课"抬头率"。

（四）深化实践教学

不少人认为思想政治课就是讲理论，老师上课把课本内容讲讲，学生考试就是背背，甚至认为思想政治课是"假大空、没意思"，这些误解的存在很大一部分原因就在于思想政治理论课"不接地气"，而思想政治理论课要想"接地气"，实践教学则是课堂教学的有益补充。也有不少人认为，思想政治理论课的实践教学部分不好做，活动内容少、操作方法单一、激励机制缺乏及效果不易评价等。

知识的学习是以提高实践活动效率为目的的，离开实践活动，学习的知识则失去了价值目标。实践教学增强学生社会适应性和能力，将学生置身于某种知识情境中,学生则以直观化操作完成任务。

思想政治理论课实践教学可以分为课内、课外两部分进行,课内实践教学主要以活跃课堂气氛,调动学生参与课堂教学为目的。例如主题班会、辩论赛、演讲赛、时政自我谈等,这些都有利于锻炼学生的表达能力和分析解决问题的能力。课外实践教学则主要是以开阔学生视野,了解社会问题实质,增强社会责任感为目标,在形式上采用社会实践调查、参观访问实验基地、志愿服务社区等方式,由学生组织活动。

参考文献:

[1] 杨伯峻.春秋左传注[M].北京:中华书局,1990:1088.

[2] 李山,译注.管子[M].北京:中华书局,2009:35.

[3] 戴锐,曹红玲."立德树人"的理论内涵与实践方略[J].思想教育研究,2017(6):9-13.

[4] 冯刚.进一步推进高校思想政治理论课建设应注意的三个问题[J].思想理论教育导刊,2010(6):11-14.

[5] 宫丽.高校思想政治理论课混合式教学模式探析[J].学校党建与思想教育,2016(9):35-37.

立德树人视域下高校思政课课堂教学模式创新探析

陈 艳

（荆楚理工学院，湖北 荆门 448000）

摘 要：党的十八大以来，习近平总书记高度重视高校立德树人工作，强调立德树人是高校立身之本，是教育的根本任务，而高校思政课是落实立德树人根本任务的关键课程。为落实立德树人的根本任务，高校思政课要对课堂教学模式不断进行改革创新，落实教学目标、教材使用、教学管理等多方面的统一要求，要让不同类型的学生都爱听爱学、听懂学会，要进行多样化探索，通过多种方式力争解决学生课堂参与度、出勤率、抬头率不高的现象，把立德树人作为学校教育的中心环节，努力培养中国特色社会主义合格建设者和可靠接班人。

关键词：立德树人；思政课；课堂；教学模式

一、立德树人的深刻内涵和重要意义

党的十八大以来，习近平总书记高度重视高校立德树人工作，多次强调高校立德树人的重要意义。党的十八大报告明确提出"把立德树人作为教育的根本任务，培养德智体美全面发展的社会主义建设者和接班人"。

基金项目：本文系2020年度湖北省教育厅哲学社会科学研究专项任务项目（思想政治理论课）"高校政治理论课包容性课堂教学模式的构建研究"（20Z062）研究成果。

作者简介：陈艳，女，荆楚理工学院马克思主义学院讲师，主要从事思想政治教育研究。

2016年全国高校思想政治工作会议上,习近平总书记提出了新时代中国高等教育发展"三培养"的目标,即"高校培养什么样的人、如何培养人以及为谁培养人"这一根本问题。习近平总书记明确指出,"要坚持把立德树人作为中心环节,把思想政治工作贯穿教育教学全过程,实现全程育人、全方位育人,最终实现我国高等教育事业的新局面"[1]。

立德树人是高校思政课的重要任务。在高校落实"立德树人"的根本任务,必须要加强和改进大学生思想政治教育,使学生具备坚定的政治方向,崇高的理想信念,树立正确的世界观、人生观和价值观,不断提高学生认识世界和改造世界的能力,努力把学生培养成为德智体美全面发展的社会主义事业合格建设者和可靠接班人。思政课是落实立德树人根本任务,培养社会主义建设者和接班人的"关键课程","不可替代"的课程。

立德树人是高校办学的根本任务。2019年3月18日,习近平总书记在学校思想政治理论课教师座谈会上再次强调,立德树人是高校办学的"根本任务","坚持把立德树人作为中心环节"的要求,升华"高校立身之本在于立德树人"的意境。我国高校要始终铭记我国的社会主义性质,把握中国特色社会主义教育的精髓,"要把立德树人的成效作为检验学校一切工作的根本标准"[2]。

立德树人是教育的根本目标和价值。教育的根本目标在于培养人。中国特色社会主义教育,必须坚持正确的政治方向,坚持社会主义性质,自觉服务人民、服务中国共产党治国理政、服务巩固和发展中国特色社会主义制度、服务改革开放和社会主义现代化建设事业[3]。立德树人把教育根本任务、教育培养目标、教育的政治性紧密结合起来,阐明了我国教育的根本目标是培养造就中国特色社会主义事业合格建设者和接班人。而个体只有成为中国特色社会主义事业的合格建设者和接班人,才能在贡献社会的同时实现自我价值。

立德树人是实现人才培养目标的迫切需要,契合了当前我国人才培养的发展要求。它指明我国遴选人才的标准应将"德"放在首位[4]。正如司马光《资治通鉴》中指出的,"才者,德之资也;德者,才之帅也。才德全尽谓之圣人,才德兼亡谓之愚人,德胜才谓之君子,才胜德谓之小人","苟不得圣人,君子而与之,与其得小人,不若得愚人"。

可见，高校思政课要肩负起立德树人的重要任务，积极回应习近平总书记对中国特色社会主义教育的重要指示。

二、高校完成立德树人根本任务过程中存在的问题

从各高校教学实际来看，思政课完成立德树人目标的效果不尽如人意，这成为高校思政课教师的一大困扰。从个体受教育过程的实质来看，受教育者接受教育从来都不是一个被动接受的消极过程，总是对自己了解到的信息有一个主动选择接受的过程，受教育者的主体性决定了教育是门复杂的艺术。大学生在思想政治教育的课堂中选择什么、接受什么直接关系到思想政治教育的实效性。高校立德树人实效性如何受到教学过程中各类因素的影响。

第一，从学生角度看。伴随着经济全球化和世界多极化的推进，文化已成为国家核心竞争力的重要因素，越来越多的国家把提高国家文化软实力作为重要发展战略。在经济全球化和信息网络化的条件下，世界范围内各种思想文化交流交融交锋更加频繁，国际思想文化领域斗争依然深刻而复杂，不同意识形态的斗争仍将长期存在，有时会相当复杂、尖锐。大学生思想开放、崇尚自由，处于世界观、人生观、价值观形成的关键时期，对意识形态认识模糊，容易受国内外极端个人主义、拜金主义、享乐主义等思想的腐蚀。除了外部环境的影响，从内因来看，大学生对思想政治课存在偏见，认为思想政治课无用。大学生更直接地关注个体需要、个体利益是否得到满足，例如在个人理想上更偏重于生活理想、职业理想，对道德理想和社会理想缺乏相应的考虑，认为国家的现状与自身的发展没有多大的关系，没有认清国家对人才素质要求关系到个体能否成才。在学习时间分配上，将大部分时间花在自己的专业知识的学习；在学习态度上，不重视思想政治课，甚至对思政教育存在偏见。这些误解和偏见使得学生对思想教育课程产生无所谓的心理状态，忽视对于思想政治这门课程的学习[5]。习近平在全国高校思想政治工作会议上指出，立德树人是学校一切工作的根本标准。思想政治工作必须以学生为主体，从学生的需要出发，关注学生的思想困惑和利益需求，激发学生学习思想政治教育的内驱力，用马克思主义中国化的理论成果武装大学生的头脑，提高学生思想政治水平，助力学生成长为全面发展的人才。

第二，从教师教学角度看。在教学内容的选择方面，教师关注教材内容和教学大纲的要求，忽视了学生真正关心关注的问题；关心理论知识的传授，忽视了理论知识对现实问题的解释、指导作用。在教学方式方面，思政课教学没有完全打破传统的教学模式，不少教师教学方式单一，缺乏教学方式的改革创新，另外不少先进的教学方式仍没有得到普遍的应用。教师在教学过程中教学方法的选择不能完全吸引学生注意力，学生学习的积极性、主动性和创新性没有得到充分体现，这在一定程度上影响了立德树人教育的效果。在教学评价方面，教师课前认真备课，课中认真授课，能够得到同行的好评和积极肯定。可是学生对教师和该课程的评价却差强人意。究其原因，有如下几点：首先，对该课程本身缺乏相同的重视。教师认为思想政治课程是思想的武器，利用马克思主义中国化的理论指导自己的生活和工作；学生认为思想政治课程离自身的生活相去甚远，在思想政治课堂上参与度、出勤率、抬头率不高，课堂学习的目的仅仅是考试及格，不期待从课程本身获得什么有用的知识，将该课程与自己的专业课学习对立起来。其次，对课程评价缺乏相同的标准。教师对本门课程讲授的最终效果的评价与学生的评价标准有较大不同。教师关注通过课堂活动，学生是否真正把握马克思主义及其中国化的主要内容和精神实质，是否在此基础上真正提升思想境界，增强理想信念，努力成就美好人生。教师通过各种手段和方式传授科学的理论知识和正确的思维方式，期待能被学生认同接受进而促进学生健康成长成才。同行评价的过程也是按是否达到教学目标、教学内容重难点是否得当、教学手段是否合适等方面进行评价。但就学生角度来看，教师课堂纪律是否严格、课堂教学内容是否生动有趣、教学手段是否新颖、期末是否及格成为对教师教学评价的标准。就此而言，在这些评价中有些方面可以协调一致，有些却彼此矛盾，因此就会造成教师自评、同行评价、学生评教的不一致。教师有可能为了收到较好的教学评价结果刻意去迎合学生。另外在对学生的学习评价中，往往采取了终结性的评价模式。总结性评估的结果作为甄别学校好坏、学生能力高低、教师教学质量如何的一个重要参考，导致很多学校及教师将评估内容作为教学的主要内容，教师在这种理念的指导下，往往不关注自己教学方式的改变，而将工作的重心放在提高考试成绩上。学生内在学习动力往往也被外在的考试成绩所左右，常常不关注自己对知识本身的兴趣和掌握程度，这就导致知识的功利化。而且总结性评估对学生的后续学习帮助有限。在评估过程中，评价主体较为单一，学生本身也无法参与评价的过程，被评价者被排斥在评价活动之外，只能被动接受评价结果。教学的评估如果缺乏主体的参与，其结果有可能无法得到评价者的认可，导致被评价者对评价的结果置之不理，起不到改善教学的目标。因为没有被评价对象的参与，教师对教学内容的重点、难点、逻辑性等的思考缺乏学生真实想法的支撑，只能根据评价结果做理论上的推理。因此，更新评价理念、创新评价模式对教师教学方式、学生学习态度和学习方式的转变将起到较大的促进作用。

三、创新思政课教学模式

按照习近平总书记在学校思想政治理论课教师座谈会上的讲话精神，高校思政课改革创新要坚持统一性和多样性相统一，落实教学目标、课程设置、教材使用、教学管理等多方面的统一要求，要让不同类型的学生都爱听爱学、听懂学会，要进行多样化探索，通过多种方式实现教学目标。为解决思想政治理论课的困境，必须对高校思想政治理论课教学模式进行改革。从课前、课中、课后做好充分的教学准备和教学设计，力争解决课堂参与度、学生出勤率、抬头率、点头率不高的现象，推进教学改革，在课堂教学中实现教学方法与教学内容的无缝对接，使之完美契合学生的需求，切实增强思政课程教学的吸引力、说服力、感染力，达到入脑走心、立德树人的效果是思政教育工作者的当务之急。

（一）精心做好教学准备工作

1. 备学生。为将思政课打造成为真正有颜值、有温度、滴灌式的课程，教师首先要了解学生。在课程开始之前，可以通过问卷调查等形式了解学生的相关信息和学习背景，了解他们对这门课程的知识背景，了解他们的学习方式，了解他们在学习过程中需要什么样的帮助和支持，了解他们不愿学习的原因，了解他们的思想困惑和关注点，并将这些了解到的信息与思政教学内容和教学方式紧密地结合起来。其次，教师要肯定学生现实的正当需求，更重要的是要引导学生从长远的角度认清个体需要与国家需要的关系。就人的本质而言，马克思指出：人的本质并不是单个人所固有的抽象物。在其现实性上，它是一切社会关系的总和。这就意味着人的需要能否得到满足，以何种方式满足，在多大程度上满足，只能在社会中进行并由社会决定。大学生只有真正认识到个体与社会的辩证关系，才有可能自觉地将个人需要与社会需要、个人发展同国家发展结合起来。

2. 充分准备教学内容。教师在上第一次课时，要将本门课程的教学目标用清晰的结构和一系列的要求以书面形式告知所有学生，让学生明白在这门课程中他们能学到什么，应该做些什么，应该怎么做，并将自己的教学内容利用多种方式呈现给学生，要求学生提前学习，并准备上课需要讨论的问题。面对当今时代，人们的思想观念、价值取向日益多元化的现象，教师要主动积极面对这些问题，对马克思主义要系统、全面、充分地学习，透彻理解，坚定政治立场及理想信念，并深入中国特色社会主义实践活动中去感悟、去体会，从而用自己的真才实学争得马克思主义话语权，用自己的学识去解释现实，对各种非马克思主义进行积极的批判。思政课教师在政治立场上应摒弃"回避"或者"中立"的态度，要给学生以明确的引导[6]。教师要以透彻的学理分析回应学生，以深刻的思想认识说服学生，用真理的强大力量引导学生。教师要积极主动地探究教学大纲的要求与学生真正关心内容的结合点，备出既符合大纲要求又关注学生需要的教学内容。教师在正式课堂教学之前要充分了解学生关心的热点，通过网络平台课前调查、课间提问、课余交流等方式了解大学生的思想动态，关注他们感兴趣的话题以及他们对热点问题的评价，并引导学生全面深刻了解自己关注的内容，解释现象，从而让学生体会到思想的力量、真理的光芒，提升学习习近平新时代中国特色社会主义思想的积极性和主动性，并运用该思想解决新问题。针对学生关心当下的特点，教师应主动关注国内国际热点，在各种纪念日实时为学生普及相应的知识，引导学生在关注当下的同时了解历史。例如，2018年5月5日马克思诞辰200周年，我们国家举行了很隆重的纪念活动，习近平总书记发表了讲话，教师应及时带领学生重温马克思的生平，了解马克思的伟大之处，同时学习习近平讲话的精髓，这样的教学内容能及时引发学生的关注，起到"趁热打铁"的良好效果。

（二）全面进行课堂教学设计

1. 上课之前。要达到良好的教学效果，教师应创建一个有利于促进学生学习和保持和谐师生关系的课堂氛围。为避免课堂中意外情况的发生，教师应提前到达课堂，检查多媒体设备，跟进入教室的学生打招呼并保持良好的精神状态和激情。学生在教室感到舒适，并且与教师关系融洽，更有利于学生获得好的学习效果。教师要关注、关心学生。当学生感觉老师真正关心他们时，他们会更积极主动地投入学习并产生更好的学习结果。因此，教师应该微笑和用眼神与学生交流，要在教室里走动，充分关注学生的课堂上的回答，尽可能向个人或全班提出鼓励性意见。教师在最初的几次课上，要尽量花时间记住学生的名字，鼓励学生陈述自己的观点，从而创建一个更有利于学习的环境。而且，应该在课程开始时就向学生提出纪律和学习要求，避免教学过程中出现学生不愿意参与课堂教学，不提前为课程做准备，不按时提交作业，无故迟到或早退等不文明行为的发生。

2. 教学之中。高校教师都意识到课堂教学中学生的主体地位，在课堂教学中也期待能通过教学模式的创新来调动学生学习的积极性和主动性，提高学生课堂参与度，增加课堂的活力。但是由于教学方法使用的有限，教师的教学并没有很好地调动学生的积极性。教师应当在教学过程中进行不断的创新，投入大量的精力和时间去进行教学方式的多样化。

教学开始前，教师应让学生了解通过这节课，自己应该有什么样的学习成果，应该做什么，应该怎么做。教学内容能否被学生认同和接受，与其呈现方式也有着密切的关系。课堂中，教师要经常使用不同的教学形式来保持学生的注意力和兴趣。对于思政课课堂来讲，要充分使用思维配对共享、案例教学、小组讨论、角色扮演、学生-教师角色互换等策略，这些方法的使用有助于学生参与到课堂中来，保持注意力的高度集中。

第一，思维配对共享（think pair share，TPS）。这是一种协作学习策略，学生们一起解决问题或回答有关指定阅读的问题。要求学生：（1）独立思考一个话题或回答一个问题；（2）与同学分享想法。

第二，案例分析（case studies）。根据教学需要，给学生提供与教学内容相关的案例，分组讨论并回答相关问题。描述与主题相关的问题或场景，然后教师让学生发表自己的看法；教师也应与学生分享自己的看法，并鼓励学生明白很多问题没有绝对的对错。而且对思政课教师来说，要将一些时事新闻或活动联系起来，在课堂上举出与学生学习生活密切相关，并且与课程内容相关的例子，尽可能借鉴学生经验，让学生有话可说，在探讨问题时可以追问学生，引发学生进一步的思考。

第三，小组讨论（group discussion，GD）。小组一般由超过6个人组成，教师给小组成员布置一系列的问题帮助小组专注于自己要解决的问题。

第四，演示（presentations）。个体或者小组就某个主题进行调查，并根据调查结果准备一份简单的报告向全班同学演示自己的调查成果。

第五，角色扮演（role play）。小组、同伴或个体就一个特别的主题将信息在班级或者小组面前表演出来，如果缺乏自信，可以只在小组进行，不需要在全班面前表演。给每个小组设定一个时间。

第六，学生-教师角色互换（student-teacher role swap）。教师要学生在黑板上写下他们的观点、信息，并作出解释。教师和其他学生坐在一起。

大学生思想前卫，思维活跃，对WPS等现代办公软件了解甚多。除了上述的教学方法，教师要不断地学习、了解运用新技术、新手段，并有针对性地结合教学内容使用不同的教学手段。教师仪表要端庄，语音饱满有激情，语调、语速适中，语音、语调、语速的适当会让学生听得舒服并将注意力集中于教师所呈现的教学内容上。教师要选择适当的视频，将用语言无法充分表达的内容呈现出来，视频的内容要适合辅助课堂教学内容、具有感染力，能引发学生思考，视频的长度要适当，太短可能无法引发学生思考，太长影响教学时间的把握，视频的画质要清晰，解说最好有字幕。这些细节对教学效果有比较大的影响，需要教师精心准备。教师制作PPT，应尽量做到简洁，字数适当，字体、字号适当。重点内容除PPT呈现外，还应在黑板上板书，这样既可避免PPT放映过后学生忘记所讲内容，还有利于学生把握该教学内容的逻辑体系。总之，教师要将多种教学方法和手段适当地结合起来，激发学生参与课堂学习讨论等教学活动的动力。

3. 课堂之外。无论是在课堂上还是课堂外，思想政治课通常都不能给学生提供足够的时间来讨论相关内容。为了解决这个问题，大学已经开始采用一些新技术，让学生在课下通过网络线上参与课堂讨论。例如使用各种在线社交网站，如QQ和微信、微博等，以及专门为教育设计的网站。网站支持的互动教学主要包括课堂互动和课后互动两个环节。课堂互动是通过移动设备，学生使用电脑、手机与教师实时互动，无线推送学习资源，课堂有趣的互动包括答疑、表扬和奖励等，可以有效地向教师提供有关课程中学生学习进展的反馈，使他们能够更好地满足学生的需要和引起学生的关注。此外，通过在整个课堂周期性地提问，有助于教师确保学生在关注教师讲授的内容。通过课外互动，教师可以了解谁参与了活动，可以从与学生的互动中间得到教学反馈；学生之间可以在非正式（尽管是电子）环境中相互了解，并讨论课程内容。同时，这种线上活动还能促进信息共享，一些论坛往往共享相关网站的链接；同时方便在线管理，学生能够通过在线管理和访问讲座、家庭作业、考试和测验等信息更好地准备课堂，教师能够更好地组织课堂材料发布课程信息（如作业的截止日期、考试信息等）和跟踪学生表现。

（三）重视形成性教学评估

持续的评估和反馈在教学中起着非常重要的作用，可以帮助学习者检查自己的学习状况，可以帮助教师改进教学方法。因此，科学的评价理念显得尤为重要。对学生学习的评估是指利用评估任务来检查学生取得的成绩，它通常在学期末使用，属于终结性评估。过程性评估利用评估对教师教学和学生学习进行反馈，有助于促进学生的学习和教师的教学。

第一，课堂评估。在每次课结束之后，教师可以利用课程结束之前的5分钟，对学生该次课的学习情况进行评估。课堂评估可以使用"一分钟论文"的方法进行。

"一分钟论文"可以在一节课开始时使用，也可以在课堂中间、课后使用。当用在课程开始时，提出的问题可以覆盖上一节课所教的材料，并检查材料的理解情况。这为教师提供了关于是否继续上课或纠正对该主题误解的反馈。它还可以作为一个开放性问题，激发学生对即将到来的课程的预期和准备。当用在课程活动结束时，教师留出几分钟时间提出两个问题，包括"你今天学到的最重要的是什么？""关于这个话题你还有什么问题？"等，这些问题能激发学生反思所教和所学的课程，并提供关于他们理解的反馈，帮助教师提前为下一堂课做计划，有助于学生整合信息，并将其存储以延长保留时间。此外，在上课过程中使用，让学生在继续下一点之前反思一下，也非常有用。快速的中间活动也有助于打破课堂程序的单调性，有助于重新获得所有学生的关注。

其实在使用"一分钟论文"时,对于提出的问题也可以根据需要变化。提问的重点是什么吸引了学生对课堂的兴趣,材料的相关性或材料与外部世界的关系的有用性是怎样的,从而让学生进一步理解某些问题,帮助学生对所学课程进行反思和分析,同时也可起到桥接新旧概念的作用。使用"一分钟论文"能够有效地提供一个概念性的桥梁,因为它弥合了昨天的学习和今天的学习之间的鸿沟。它确保了所有学生的参与,可以匿名进行。在课堂上使用"一分钟论文"实际上能增加课堂出勤率和注意力,也能提高学生的写作技能和对主题的批判性分析能力。因此,"一分钟论文"无疑是一个很好的积极的学习工具,可以纳入课堂。

第二,章节评估。章节评估在每一个主题的内容结束后,采用课堂小测试、案例分析、学习心得分享等方式进行。课堂小测试可以以客观题为主,检测学生对基本知识的把握;案例分析、学习心得分享可以了解学生对知识的理解。教师将评估结果及时反馈给学生,并根据学生在上述活动中的表现调整教学内容的难易、教学方式、教学进度等。

第三,期末评估。期末评估是普遍使用的一种评估方式,通常以期末考试的形式进行。这种方式是我们目前普遍使用的方式,对于思政课,我们可以采取更加灵活的测试方式,例如通过案例分析、论述等题型检测学生对知识的理解运用能力,而不是过于关注基本知识的识记。除了题型的改变,在题量上也可以采取学生从所有题目中选择其中几个题目发表观点的方式进行。以上教学策略的使用,将有利于激发学生的积极性和主动性,发挥其主体作用,改变学生为了应付考试死记硬背知识点的现状,帮助学生从根本上树立正确的理想信念,学会正确的思维方法。

教学评估除了在不同阶段使用不同的方法外,评估指标要关注学生知识技能学习的结果,关注学生是否参与学习过程并掌握学习方法,同时关注学生是否在学习知识技能、参与学习的过程中形成了积极态度、情感体验和正确的价值观。在评估中学生应全员参与,课程学习前要将该门课程的进度安排、课程内容、要达成的目标、要完成的作业、纪律要求、考核方式等以资料的形式分发给学生,要学生了解评估的时间表、评估的内容以及评估的标准。学生可以对照时间表和标准实时监控自己的学习,得到评估反馈后可以提出自己对反馈内容的看法。教师应鼓励学生畅所欲言,让学生自己去发现、去分析、去论证,然后给以适当的评价或点拨。由于教师教学改进和学生学习发展的持续性,对学生的反馈必然是多次的、经常的、持续的,因此,教师应在课前、课中、课后都选择合适的评估策略,并及时将评估结果反馈给学生,使学生不断认识自我、完善自我,为学生的未来发展提供建议,为他们的努力指明方向。

总之,立德树人就是要关注学生健康、圆满地成才成长,揭示了教育是培养人的本质,促进人的全面发展的目的,深刻揭示了国家对造就时代新人的要求和个体对实现自身幸福的期盼的根本价值。它要求高校思想政治教育课既关注政治思想,又关注学生的道德和个性心理。要完成立德树人的任务,要求教师不断提升自身综合素质,对思政课教学模式进行创新,让思政课更具亲和力和感染力,更具针对性和实效性,吸引学生参与课堂教学,给学生深刻的学习体验,引导学生树立正确的理想信念、学会正确的思维方法。

参考文献:

[1] 丁凡平,朝鲁."立德树人"视野下提升高校思想政治理论课教师队伍素质探析[J].文化创新比较研究,2018(9):97-100.

[2] 习近平.在北京大学师生座谈会上的讲话[N].人民日报,2018-05-03(02).

[3] 习近平在全国高校思想政治工作会议上强调:把思想政治工作贯穿教育教学全过程　开创我国高等教育事业发展新局面[N].人民日报,2016-12-09(01).

[4] 谢安国.习近平立德树人思想的科学内涵和重大意义[J].国家教育行政学院学报,2018(8):9-14.

[5] 蔡庶.立德树人与当代大学生思想政治教育分析[J].才智,2018(3):142.

[6] 魏雪梅,邬旭东.立德树人视域下高校思想政治教育研究[J].蚌埠学院学报,2018(8):78-81.

立德树人视域下高校思政课教学的困境与对策

谭春霞

(华中师范大学,湖北 武汉 430079)

摘 要：高校思想政治理论课教学承担着立德树人的重要职责。党的十八大以来，以习近平同志为核心的党中央从战略和全局高度，审视和谋划思政课建设，推动思想政治理论课改革创新成效显著。随着国际国内环境的变化，目前高校思想政治理论课教学仍然存在着教材理论性与社会现实性、理性的知识体系与鲜活的价值体系、教学方式的守正与创新、教师的教学能力与学生的现实需要等一些矛盾亟待解决。本文从正确认识教材体系和教学体系、落实实践教学环节、坚持守正与创新相辅相成、加强教师队伍建设等方面入手，力图为提高高校思想政治理论课教学实效性作出一些积极的探索。

关键词：立德树人；高校思政课教学；困境；对策

习近平总书记在学校思想政治理论课教师座谈会上指出，思想政治理论课是落实立德树人根本任务的关键课程。办好思政课，事关"两个一百年"奋斗目标的实现，事关中华民族千秋伟业的实现。在思政课教学中要落实立德树人的根本任务，努力培养拥护中国共产党领导和我国社会主义制度、立志为中国特色社会主义事业奋斗终生、担当起民族复兴大任的时

作者简介：谭春霞，女，华中师范大学博士研究生，主要从事马克思主义发展史研究。

代新人。

一、立德树人：高校思政课教学的重要职责

习近平总书记强调，高校思想政治工作关系高校培养什么样的人、如何培养人以及为谁培养人这个根本问题。要坚持把立德树人作为中心环节，把思想政治工作贯穿教育教学全过程，实现全程育人、全方位育人，努力开创我国高等教育事业发展新局面[1]。作为高校思想政治工作的重要组成部分，思政课旨在对大学生系统地进行马克思主义理论教育，引导大学生用马克思主义的立场、观点和方法来看待中国发展道路的理论和实践，提升大学生思想道德修养和文化素质，引导他们积极投身于我国社会主义现代化建设、实现民族复兴中国梦的伟大事业。中共中央办公厅、国务院办公厅印发《关于深化新时代学校思想政治理论课改革创新的若干意见》也指出："全面贯彻党的教育方针，坚持马克思主义指导地位，贯彻落实习近平新时代中国特色社会主义思想，坚持社会主义办学方向，落实立德树人根本任务……努力培养担当民族复兴大任的时代新人，培养德智体美劳全面发展的社会主义建设者和接班人。"[2]具体来说，高校立德树人的根本任务中思政课教学承担着以下重要职责：

第一，引导大学生树立科学的世界观、人生观和价值观，提高分析和解决问题的能力。习近平总书记强调："要成为社会主义建设者和接班人，必须树立正确的世界观、人生观、价值观，把实现个人价值同党和国家前途命运紧紧联系在一起。"[3]马克思主义是认识世界和改造世界的理论武器，青年的未来需要马克思主义的启迪和指引。但马克思主义的学问博大精深，马克思主义的著作卷帙浩繁，很难在有限的时间内全面掌握马克思主义的全部理论。同时，经典作家的个别提法可能会随着时代的变迁而过时，但马克思主义的基本立场、观点、方法具有穿越时空的永恒价值。因此，学习马克思主义，最根本的是要掌握马克思主义的基本立场、观点、方法，领会马克思主义的精髓要义。高校思政课如马克思主义基本原理概论课程就是进行马克思主义辩证唯物主义和历史唯物主义的系统教学，引导学生在深刻理解马克思主义，深刻把握历史规律的基础上，学习和掌握马克思主义的基本立场、观点和方法，牢固树立远大理想和坚定信念，树立科学的世界观、人生观和价值观。同时，引导学生自觉将马克思主义内

化于心、外化于行，培养科学的思维方式，增强分析问题和解决问题的能力，将马克思主义作为自己的行动指南。

第二，帮助大学生坚定中国特色社会主义共同理想和共产主义远大理想，坚定"四个自信"。中国特色社会主义是我们党和人民历经千辛万苦、付出各种代价所取得的根本成就。在中国共产党领导中国人民的接续奋斗中，我们成功开辟了中国特色社会主义道路，形成了中国特色社会主义理论体系，确立了中国特色社会主义制度，发展了中国特色社会主义文化。习近平指出："办好思政课，就是要开展马克思主义理论教育，用新时代中国特色社会主义思想铸魂育人，引导学生增强中国特色社会主义道路自信、理论自信、制度自信、文化自信，厚植爱国主义情怀，把爱国情、强国志、报国行自觉融入坚持和发展中国特色社会主义、建设社会主义现代化强国、实现中华民族伟大复兴的奋斗之中。"[3] 高校思政课如毛泽东思想和中国特色社会主义理论体系概论课程就是从中国特色社会主义的历史逻辑、理论逻辑、实践逻辑出发，引导学生深刻认识中国特色社会主义，承载着几代中国共产党人的理想和探索，寄托着无数仁人志士的夙愿和期盼，凝聚着亿万人民的奋斗和牺牲，是近代以来中国社会发展的必然选择，是发展中国、稳定中国的必由之路，从而增进大学生对中国特色社会主义的理论、道路、制度和文化的自信，自觉为中国特色社会主义共同理想和共产主义远大理想不懈奋斗。

第三，增强大学生关注社会、服务社会、报效国家、振兴中华的历史责任感和使命感。高等学校的根本任务就是人才培养，使大学生做到对自己负责、对家庭负责、对社会负责，使其人格得到全面和谐的发展，成为对国家、民族具有强烈责任感、勇担重任的社会主义建设者和接班人。习近平总书记指出："青年一代有理想、有本领、有担当，国家就有前途，民族就有希望。中国梦是历史的、现实的，也是未来的；是我们这一代的，更是青年一代的。中华民族伟大复兴的中国梦终将在一代代青年的接力奋斗中变为现实。"[4] 因此，大学生是国家宝贵的人才资源，是民族的希望、祖国的未来，肩负着人民的重托、历史的重任，他们的人生态度、奋斗精神、社会责任感和使命感直接关系实现"两个一百年"奋斗目标、实现中华民族伟大复兴中国梦。高校思政课如思想道德修养与法律基础的课程就是一门融思想性、政治性、科学性、理论性、实践性于一体的思想政治理论课，通过课堂教学和各类专题性社会实践活动相互配合，共同引导学生关注社会、服务社会、奉献社会。思政课的理论教学与实践教学相结合，能更好地帮助大学生形成正确的道德认知，积极投身道德实践，做到明大德、守公德、严私德，奉献祖国、奉献人民、尽心尽力、勇于担责、讲求奉献、实干进取，自觉树立国家意识、民族意识、责任意识，把个人前途命运与国家、民族的前途命运紧紧地联系在一起，在尽责集体、服务社会、贡献国家中实现人生理想和人生价值。

二、当前高校思政课的教学困境

党的十八大以来，立足于"培养什么样的人、怎样培养人以及为谁培养人"这一根本问题，党中央先后召开了全国高校思想政治工作会议、全国教育大会、学校思想政治课教师座谈会等重要会议，对高校思想政治理论课建设作了一系列部署和安排，提出了对思政课教师队伍的明确要求。为推动思想政治理论课改革创新，不断增强思政课的思想性、理论性和亲和力、针对性，很多高校积极做好思政课建设，教学方法不断创新，教师乐教善教、潜心育人，教师队伍规模和素质稳步提升，成效显著。同时，我们也要看到，仍然存在着一些问题亟待解决。

第一，教材的理论性与社会的现实性难以找到切实的结合点。思政课是国家进行思想政治教育的主渠道，在落实教学目标、课程设置、教材使用、教学管理等方面有统一的要求[5]。思政课教学有统一的教材、统一的部署，高校思政课所用教材是教育部统一主编的教材，具有权威性、严肃性和极强的政治性，内容上注重理论性、逻辑性、完整性，表现为完整的学科式特征。但这些高度概括化、理论化、抽象化的内容与现实生活也会有一定的差距，对社会上发生的各类热点问题、生活中出现的众多疑点问题难以做到细致的解释。加之一些思政课教师对现实的关注度低，奉行"低头做学问，不问世中事"，教学内容陈旧老套，无法引导学生正确认识中国、看待世界、关注时代，导致一些学生面对社会上的各种消极现象、生活中的犹疑困惑，面对理论与现实的差距，对教材的学理性和真实性产生质疑，很多时候会觉得"课上理论很美好，课下现实很无奈"。

第二，理性的知识体系难以转化为鲜活的价值体系。知识是载体，价值是目的。思政课与其他课程相比，具有明显不同，其特殊性主要表现为在教学过程中不仅仅是知识的灌输和传授，更重要的是需要将知识传授与价值引领有效融合，引导学生认同中国特色社会主义思想和社会主义核心价值观，成为社会主义事业的合格建设者和可靠接班人。由于价值观的形成会受到诸多因素影响，新时代大学生的成长环境出现新的特点，各种观点和思潮充斥网络，思想文化环境复杂多变。比如，在手机、社交软件、互联网等新兴媒体广泛普及的情况下，大学生获取信息十分便捷，很容易受到各种不良社会思潮和观点的影响，"普世价值""历史虚无主义""消费主义"这三种社会思潮对学生影响尤为突出[6]。在这种形势下，思政课教学不仅仅要重视书本上的知识理论体系，注重学生对思想政治理论基础知识的学习和掌握，更应该在价值上引领学生成长，满足学生成长成才的期待。但现实情况是，大部分学生接受了书本上的知识体系，了解了党的方针、路线、政策，掌握了相关的理论知识，但这些知识体系并没有内化为自身的品质，上升为鲜活的价值体系。一些常见的表现有学习上考试作弊、论文抄袭，生活中自私自利，等等。这些都是理性的知识体系没有转化为鲜活的价值体系的结果，这些现象也冲击着高校思政课教学的效果。

　　第三，教学方式的守正和创新之间难以相统一。当今社会是一个信息化和网络化的时代，随着大学生所获取的信息量增大，他们和教师之间的"信息落差"不断缩小，加之大学生们思维活跃，独立意识、创新观念强，思政课单向度传授的传统教学模式需要进行重大调整。在这种情况下，为了增强教学的吸引力和感染力，各大高校在这方面也进行了一系列的探索和创新，催生了"慕课""微课""翻转课堂""弹幕""行走的课堂"等。但值得注意的是，思政课教学的转型仍处在摸索阶段，有的高校过于重视对现代信息技术和传播方式在高校思政课教学中的运用，过于追求教学形式的多样化，对教学内容和实效性重视不够，导致上课形式很新颖，但效果却差强人意，而有的高校固守传统的思政课教学，主要采用"教师教—学生听"的模式，这种说教的教育方式让整个课堂死气沉沉，容易使学生感觉枯燥、乏味甚至厌倦，在一定程度上扼杀了学生的创造能力和个性，不但无法达到良好的教学效果，反而容易造成学生对思想政治理论课的抵触。

第四，高校思政课教师的教学能力难以满足现实的需要。教师的教学能力建设是一项基础性、长期性、复杂性和综合性的工程，是教学质量提升的根本保障，至关重要。由于历史和现实的诸多原因，高校思政课教师存在教学水平、能力素养参差不齐的现状，一定程度上制约了思政课教学质量的提升。从当前思政课程教学内容设置、涉及知识领域以及要面对的实际思想问题来看，都对教师的专业背景、知识储备和学术研究等提出了较高的要求。在教学实践和个人发展中，思政课教师面临着"博"与"专"的矛盾。从思政课所面对的教学内容和学生的思想实际来说，要求教师有较广博的知识面，但是对这些问题的深入研究和个人的科研发展又需要教师走专业化研究道路，两者相互冲突。实际上，这反映了思政课的教学内容和目标对教师的知识背景和教学能力尤其是教师的解疑释惑能力具有较高的要求。教师在实际教学内容的详略、侧重应该服从于课程教学本身的需要，而不是依据教师的自身专业和知识背景来定[7]。

三、加强和改进高校思政课教学的对策

在当前世界多元文化相互竞争的格局和各种思想文化相互激荡，不同文明交流、交融、交锋更加频繁的背景下，高校作为意识形态工作的前沿阵地，上好思政课、落实立德树人的根本任务至关重要。应积极探求加强和改进高校思政课教学的对策，使思政课真正发挥其应有的作用。

第一，正确认识两个转化之间的关系，找到理论与现实的结合点。教材体系与教学体系的目标是一致的，它们既有区别又有联系。教材是教学大纲的具体化，是教学的主要依据，教学体系是基于教材体系的基础上形成的，是对教材体系的完善和超越，通过教学的有效实施促进学生将思想政治理论知识内化为素质，转化为观念、情感、意志和自觉的语言和行动。在教学的过程中，要把统编教材作为依据，确保教学的规范性、科学性、权威性，也要有社会情境的支撑，寻找和设计合适的真实或仿真的社会情境，将教材上的理论知识与社会现实结合起来，使学生认识到教材上的理论不是"空中楼阁"，不是没有生命力的"干瘪"的理论，而是源于实际指导现实，是科学性和实践性的统一。在教材的理论性与社会的现实性之间能否找到贴切的结合点上，教师承担着最为关键的角色，它需要教师不能单纯地解读教材或随意肢解教材，而是应不断提高自己的教材领悟

能力，丰富自己的知识储备，从而将教材内容主体化、情景化，进而转变为能动的教学内容，完成由教材体系到教学体系的转化过程[8]。同时，在社会实践方面，要通过组织专题调研、参观学习、挂职锻炼、深入基层等方式推动思政课教师接触社会、深入实际，增加教师在教学中的"临场感"和"现实感"，使思政课教学形成一种从理论分析到实践感悟的完整"环路"，使教学更接地气，更具亲和力和穿透力。

第二，落实实践教学环节，促进学生的知识体系向鲜活的价值体系转变。正如习近平总书记指出的，"坚持理论性与实践性相统一，用科学的理论培养人，重视思政课的实践性。在理论和实践的结合中，教育引导学生把人生抱负落实到脚踏实地的实际行动中来，把学习奋斗的具体目标同民族复兴的伟大目标结合起来，立鸿鹄志，做奋斗者"[3]。实践教学环节是学生坚持理论联系实际的重要一环，也是能否将理论知识内化为自身价值，做到"内化于心、外化于行"的关键一环。自《中共中央宣传部、教育部关于进一步加强和改进高等学校思想政治理论课的意见》对实践教学环节作出重要部署以来，各高校在思想政治理论课的实践教学方面开展了积极探索，采取了多种形式，积累了宝贵经验。同时实践教学特色不足、缺乏创新、相对单一、形式陈旧对思政课的教学改革和实效性都产生了一定的阻碍。因而落实实践教学环节是高校思政课教学改革的方向之一。可以通过互动式、参观式、体验式、践行式社会实践教学，如在课堂教学过程中结合课堂教学的进度组织讨论会或辩论赛、聘请知名专家进行专题讲座、组织学生开展社会调查、组织学生参观社会实践基地、开展网络实验和实践环节等，采取各种各样的形式和灵活多样的方式让大学生主动参与实际生活和社会实践，使学生在体验中感悟，在感受中内化和升华所学，从而全面提升大学生的综合素质，增强他们的社会责任感和历史使命感。

第三，坚持守正与创新相辅相成，统一于培育时代新人的教学实践过程。提高思想政治理论课的教学效果，需要不断进行改革创新。但是，改革不能忘却根本，需要在守正的基础上进行创新。一方面，守正是高校思政理论课创新的基础。要强化思想政治理论课的守正意识，坚守思想政治理论课的理论属性、价值属性和政治属性。教师要从思想政治理论课的基本内容入手，以教材为基础，讲清讲透思想政治理论课的基本原理和基本观点，用真理的力量和逻辑的力量吸引学生，通过教学引导学生，帮助学生树立正确的世界观、人生观和价值观，要向学生传播正能量，引导学生明辨善恶是非，形成高尚的道德情操和理想人格。另一方面，创新是高校思想政治理论课保持活力的源泉。在理论上要跟上时代，在内容上要积极探索将马克思主义中国化最新成果融入教学各环节，全面推动习近平新时代中国特色社会主义思想进教材进课堂进学生头脑，打牢大学生成长成才的科学思想基础；在形式上要跟上时代步伐，习近平总书记在全国高校思想政治工作会议上提出，"要运用新媒体新技术使工作活起来，推动思想政治工作传统优势同信息技术高度融合，增强时代感和吸引力"[9]，因此，要在继承传统课堂讲授的基础上，深入拓展思想政治理论课堂的内涵与外延，打造智慧课堂、共享课堂、互动课堂、线上课堂、实践课堂、校外课堂等，还要科学运用慕课、微电影、微视频、微信公众号和手机客户端等新媒体新技术手段，创新教学形式和方法，努力调动学生学习的主体性、积极性，提升学生参与度和增强师生互动性，使思想政治理论课更加鲜活起来。守正是根基，是创新的基础和前提，创新是源泉，是守正基础上的创新，要把握好守正与创新的辩证统一，更好发挥其高校思想政治理论课"重要阵地"和"主干渠道""核心课程"和"灵魂课程"的作用[10]。

第四，加强教师队伍建设，提升思政课教师的马克思主义理论水平和教学能力。思政课作用不可替代，办好思政课关键在教师，思政课教师队伍责任重大。首先，思政课教师素养的问题是第一位的问题。思政课教师，一是政治要强，让有信仰的人讲信仰，善于从政治上看问题，在大是大非面前保持政治清醒。二是情怀要深，保持家国情怀，心里装着国家和民族，在党和人民的伟大实践中关注时代、关注社会、汲取养分、丰富思想。三是思维要新，学会辩证唯物主义和历史唯物主义，创新课堂教学，给学生深刻的学习体验，引导学生树立正确的理想信念、学会正确的思维方法。四是视野要广，有知识视野、国际视野、历史视野，通过生动、深入、具体的纵横比较，把一些道理讲明白、讲清楚。五是自律要严，做到课上课下一致、网上网下一致，自觉弘扬主旋律，积极传递正能量。六是人格要正，有人格，才有吸引力。亲其师，才能信其道。其次，提升思政课教师的马克思主义理论水平是上好思政课的关键之处。思政课的政治性、思想性、学术性、专业性是紧密结合在一起的。思政课教师不仅要加强对原著的学习、交流,用经典涵养正气、淬炼思想、升华境界、指导实践,而且要学习党的理论创新成果,学习习近平新时代中国特色社会主义思想,深入领会其精神实质和核心要义,为思政课教学提供具有学术深度的学理支撑,以透彻的学理分析回应学生,以彻底的思想理论说服学生,用真理的强大力量引导学生,达到事理、政理、学理的三维统一。再次,提升思政课教师教学能力是上好思政课的题中应有之意。现阶段教育相关部门和学校,要进一步对思政课教师的教学能力作出规范性要求,通过访学、培训、专题研究等多种形式,在学术、教学、实践等方面全面加强对思政课教师的培养,并且通过奖励、职务晋升等环节的激励机制促进教师的自我学习和提高,不断提升教师的理论水平和教学能力。

总之,大学阶段是人生的"拔节孕穗期",这一时期心智逐渐健全,思维进入最活跃状态,最需要精心引导和栽培。"要理直气壮开好思政课,用新时代中国特色社会主义思想铸魂育人",不断增强思政课的思想性、理论性和亲和力、针对性,坚定不移把思政课开好、开强,开成落实立德树人根本任务的第一课,开成培养德智体美劳全面发展的社会主义建设者和接班人的铸魂课,为造就一代又一代拥护中国共产党领导和我国社会主义制度、服务社会稳定和长治久安总目标的有用人才提供重要保障。

参考文献:

[1] 把思想政治工作贯穿教育教学全过程 开创我国高等教育事业发展新局面[N].人民日报,2016-12-09(01).

[2] 中共中央办公厅 国务院办公厅印发《关于深化新时代学校思想政治理论课改革创新的若干意见》[EB/OL].(2019-08-14).http://www.xinhuanet.com/politics/2019-08/14/c_1124876294.htm.

[3] 习近平.思政课是落实立德树人根本任务的关键课程[J].求是,2018(17).

[4] 习近平.决胜全面建成小康社会 夺取新时代中国特色社会主义伟大胜利——在中国共产党第十九次全国代表大会上的报告[M].北京:人民出版社,2017:70.

[5] 孙燕,李晓锋.高校思政"金课"建设:困境、标准与路径[J].重庆高教研究,2019,7(4):75-82.

[6] 张金伟,吴琼.高校思政课教师践行立德树人的困境与对策[J].广西社会科学,2017(08):206-209.

[7] 董金明,陈梦庭.新时代立德树人视角下高校思政课教学的难题与对策[J].中国高等教育,2019(06):34-36.

[8] 时伟.高校思想政治理论课教学方法创新刍议[J].学校党建与思想教育,2012(27):44-45.

[9] 习近平.把思想政治工作贯穿教育教学全过程[EB/OL].(2016-12-08).http://www.xinhuanet.com//politics/2016-12/08/c_1120082577.htm.

[10] 肖贵清.新时代高校思想政治理论课的守正与创新[J].思想教育研究,2019(03):80-84.

【立德树人贯穿于教材体系研究】

立德树人贯穿于基础教育思政课教材体系研究

申国昌[1,2]　赵　凯[1]

(1. 华中师范大学教育学院，湖北 武汉 430079／
2. 湖北省教育政策研究中心，湖北 武汉 430079)

摘　要：基础教育是立德树人的事业，立德树人是教育的根本任务。基础教育思政课是基础教育阶段立德树人的重要渠道，思政课教材作为立德树人事业的核心载体，不同学段教材体现了立德树人任务不同的阶段目标。基础教育思政课教材体现了全面性、人本性、生活性、主体性、发展性、叙事性、实践性等立德树人原则。将立德树人贯穿于基础教育思政课教材及教学环节，需要适时修订教材，编订地方辅助性教材，建立公共教育资源数据库，以教材为载体引导学生自主学习，发掘事件背后的道德价值，发挥家庭、学校、社会等的协同育人作用，以求达到更好的育人效果。

关键词：立德树人；基础教育；思政课教材

党的十八大以来，习近平总书记在多个场合通过不同方式谈及立德树

基金项目：本文系国家社会科学基金"十三五"规划2018年度教育学重大招标课题"建设教育强国的国际经验与中国路径研究"(VGA180002)，华中师范大学中央高校基本科研业务费项目"习近平教师教育理念研究"的阶段性成果。
作者简介：申国昌，男，华中师范大学教育学院教授、博士生导师，国家教育治理研究院执行院长，主要研究教育史；赵凯，男，华中师范大学教育学院硕士研究生，主要研究教育史。

人在基础教育领域的重大意义，强调"基础教育是立德树人的事业"，"立德树人是教育的根本任务"，并就立德树人的时代意涵、重要意义及实践路径等内容做出了详细阐释，"立德树人"这一表述在党和国家的政策文件中也屡屡出现。课程是立德树人的主渠道，思政课作为专门进行思想政治教育的课程，在立德树人的过程中发挥着重要的作用。习近平总书记在主持学校思想政治理论课教师座谈会时强调，"思想政治理论课是落实立德树人根本任务的关键课程"[1]。作为课程教学核心载体的教材是立德树人事业的重要依托，习近平总书记更是从国家意志、国家事权的高度阐明了教材建设的深层内涵，对教材编写、教材使用等方面的问题做出了重要指示。深刻领会习近平立德树人思想的时代意涵，从目标、原则、实施路径等视角对思政课教材体系进行研究，对引导青少年儿童"扣好人生第一粒扣子"，"拔'好'节、孕'满'穗"具有重要意义。

一、新时代立德树人的思想内涵

落实立德树人的根本任务是以习近平同志为核心的党中央回溯中国教育发展变革历程，以全局眼光，站在战略高地对当今我国教育问题的总思考、总布局。教育部 2014 年 3 月发布的《关于全面深化课程改革 落实立德树人根本任务的意见》《完善中华优秀传统文化教育指导纲要》和 2017 年 8 月印发的《中小学德育工作指南》等政策文本，是贯彻落实立德树人根本任务于文化教育中的详细指导。党的十九大报告强调，要落实立德树人根本任务，发展素质教育。2019 年 2 月，中共中央、国务院印发的《中国教育现代化 2035》指出，要全面落实立德树人根本任务，发展中国特色世界先进水平的优质教育。立德树人在国家意志层级日益得到重视的同时，关于人的价值的发掘也越来越受到瞩目。

"人无德不立，国无德不兴"[2]，"立德"是"树人"的前提与核心，是培养国家合格建设者的内在要求。立德树人所立之"德"，从横向看，涵盖了个人、家庭、社会、自然、国家、世界各方面；从纵向看，贯穿了过去、当下、未来不同时间节点，是一个囊括多种要素、具有丰富内涵的"大德观念"。第一，中华民族优秀传统文化之德。习近平总书记强调"培育和弘扬社会主义核心价值观必须立足中华优秀传统文化"[3]，中华文化源远流长，蕴藏着丰富的德育资源，是我们中华民族的精神标志，勤俭、好学、孝亲、诚信、尚和、爱国等价值观念与道德规范从不同层面影响塑造了一代代中华儿女,在当今社会依然散发出耀眼的光芒,它们是当代中国道德标准的重要源泉,需要我们逮其闳恉、继承发展。第二,社会主义核心价值观之德。"核心价值观其实就是一种德,既是个人的德,也是一种大德,国家的德、社会的德"[4],"把培育和弘扬社会主义核心价值观作为凝魂聚气、强基固本的基础工程"[5],社会主义核心价值观是立德树人的核心,是全体国民共同的价值信仰,它针对现实情况融入现代育人理念,从个人、社会、国家三个层面集中体现了当代中国精神,是培养祖国未来的道德滋养,是凝魂聚气的基础工程,必须大力培育和践行,将其贯穿于基础教育的各个方面。第三,坚定理想信念之德。"理想信念动摇是最危险的动摇,理想信念滑坡是最危险的滑坡"[6],党的十八大以来,习近平总书记多次谈及理想信念之于培养人才过程中的重要地位。办好思想政治教育必须坚定正确的政治方向,坚持中国共产党的领导,树立马克思主义信仰,深入学习领会习近平新时代中国特色社会主义思想,帮助学生树立远大理想,砥砺崇高意志,为实现中华民族伟大复兴的中国梦而不懈奋斗。第四,世界眼光之德。历代以来,中华儿女不仅注重从个人、家庭、社会、国家层面涵养德性,还从"天下"视角表露美好憧憬,"天下一家""天下为公"等大同思想成为亿万炎黄子孙的精神依归。党的十九大报告指出"倡导构建人类命运共同体,为世界和平与发展作出新的重大贡献"[7],合作共赢、共同发展,使和平富强之火熊熊燃烧,使世界文明之光熠熠生辉,理应成为我们前行的内在动力。

"树人"是"立德"的目的与归宿,是教育事业的首要问题。习近平总书记强调,在新时代新形势下,教育要"促进人的全面发展,培养德智体美劳全面发展的社会主义建设者和接班人"[8],这是"培养什么人"问题的根本旨归。立德树人不能狭隘地理解为德育问题,它是一个大概念,需德智体美劳各方面有机融合、相互依存。罔顾其他因素只囿于道德的圆满,可以培养出"好人""善人",但距离"社会主义建设者和接班人"的目标还尚存距离。在全国教育大会上,习近平总书记将实现立德树人的路径归纳为"六个下功夫",即在坚定理想信念上下功夫、在厚植爱国主义情怀上下功夫、在加强品德修养上下功夫、在增长见识上下功夫、在培养奋斗精神上下功夫、在增强综合素质上下功夫,并强调要树立健康第一的教育理念、全面加强和改进学校美育、弘扬劳动精神[9]，这是对新时代所树之人的具体要求。

培养时代新人，既要注重"德"的因素，又要兼顾"才"的价值，坚持以德为先，统筹各方，使学生成为集理想信念、爱国情怀、高尚品德、渊博学识、奋斗精神、批判思维、创新能力、健康体魄、审美素养、动手意识等于一体，全面发展的社会主义建设者和接班人。

二、立德树人贯穿于基础教育思政课教材的目标

基础教育是培养祖国未来人才与提升国民素质的奠基工程，学校作为专门育人的处所，立德树人应成为其教育教学的中心环节与最终依归。思政课是基础教育阶段学校推进立德树人工作的基本途径，思政课教材是课堂教学的重要载体，课程的育人理念、育人过程、育人方式与育人要求都隐含或呈现于教材之中，建设好一套前后衔接、科学合理的思政课教材是国家事权的具体落实与国家意志的鲜明体现。2016年10月，《关于加强和改进新形势下大中小学教材建设的意见》（下称《意见》）印发，这是新中国成立后首个有关系统部署各阶段教材建设的中央文件，从制度层级规定了教材建设是国家事权。为贯彻落实《意见》的指导思想，国务院于2017年7月成立了国家教材委员会，统筹国家教材相关工作。2017年9月，义务教育统编版《道德与法治》教材投入使用，2019年9月覆盖该阶段所有年级，高中阶段统编思政课教材也于2019年9月开始投入使用，这对于落实立德树人的根本任务具有重要意义。

基础教育阶段，立德树人的总目标是培养德智体美劳全面发展的社会主义建设者和接班人。作为一个大的概念系统，立德树人在不同阶段依据学生身心发展等现实因素的变化有着不尽相同的育人目标，呈现出具有梯度性的目标序列，彼此相连又层层递进形成体系，在实现不同阶段目标的基础上最终实现总体目标。

学前教育作为基础教育的滥觞，立德树人主要立足于幼儿基本德性的萌发与基础能力的培养，以全面性、启蒙性为基本特征，与小学教育相互衔接。这一学段无专门的思政教材，除以游戏为基本活动的各项活动之外，育人目标的实现主要贯穿于自然、社会、语言、艺术、健康五大领域的教学中，各版本教材根据五大领域相对应的思维框架不同程度地分散融

入了与儿童生活相联系的德育内容。以北京教育出版社出版的《主题探究》系列教材为例,每学期配合幼儿的活动探究包含五本教材,每本教材涉及一类探究主题,不同分册涵盖了多个领域的子集板块,帮助儿童通过主题探究,萌发德性,培养基础能力,养成良好习惯,为幼儿一生的发展奠定基础。例如第五册(大班阶段)包含《别说我小》《亲亲大中华》《各行各业》《喜气洋洋》《探究式数学》五本教材,每本教材以德性涵养为主线,囊括了语言表达、音乐欣赏、社会认知、科学探索、健康体能等不同板块,全方位地对幼儿进行启蒙教育。《小小值日生》一课,通过引导幼儿关注身边忙碌的值日生及劳动后干净整洁的班级环境,帮助幼儿体验劳动的乐趣、培养集体意识;《别说我小》一课,展现了小主人翁生活中的不同场景,让幼儿初步养成独立自主的能力;《祖国的标志》一课,组织幼儿交流生活中见到的国家标志,为幼儿简单介绍其背后的内涵,以萌发他们热爱祖国的情感。不同板块教材内容相互交织,紧密联系,协同满足幼儿多方发展的需要。

小学教育是义务教育的发轫阶段,是儿童个性品质、行为习惯、认知能力、思维意识发展的关键时期。该阶段原品德与生活(社会)课程更名为道德与法治,2017年9月,统编版《道德与法治》教材进入小学课堂,2019年9月覆盖所有年级,课程性质仍是涵盖道德、历史、心理健康、法律等领域的综合课程。新教材在强调德育价值的基础上突出了法治教育的地位,德法兼修、以德为先。立德树人的阶段目标是在前一学段的基础上进一步培养儿童的良好品德与行为习惯,逐步提升社会意识,为使儿童成长为有爱心、责任心、良好品质、行为习惯与爱国情怀的公民奠定基础。小学阶段《道德与法治》教材贴合儿童身心发展规律,紧扣儿童情感发展线索,在感性体验的基础上促进学生的理性发展。不同年级有各自的内容编排与阶段目标,通过多方面的教学内容促进立德树人阶段目标的实现。例如一年级上册主要围绕学校与家庭形成四个教学单元,第二单元规划了四个主题,分别是"我们的校园""校园里的号令""课间十分钟""上课了",引导学生逐步熟悉新的学习生活环境、遵守校园规则、上课认真听讲、勤于交流表达,通过具象的情境感知、交流探究与反思体验,逐步达到该阶段的育人目标。

初中教育阶段是学生思想意识、道德品质与价值观念形成的重要时期，立德树人的目标是以社会主义核心价值观为导向，在小学教育的基础上，进一步促进学生正确思想观念与良好道德品质的形成与发展，为使学生成为有理想、有道德、有文化、有纪律的社会主义合格公民奠定基础[10]。2016 年，初中阶段思想品德课更名为道德与法治，与小学阶段前后衔接。2017 年 9 月，全国范围内七年级开始使用统编版《道德与法治》教材，课程性质仍为包括道德、心理健康、法律、国情等方面内容的综合性课程。青春期学生身体与心智不断发育发展、生活交往领域不断延伸，初中教材的内容编排依照他们不断扩大的生活半径（家庭→学校→社会→国家→世界），更加贴合他们多方面的发展诉求与现实生活情境，既追求实现国家意志、传承文明星火、内化法律规则意识、为培养合格公民奠定基础，又力图引发学生的情感共鸣，塑造个体健全人格。七年级以学生在青春期的自我认知、在学校和家庭中与他人的交往以及对生命的体认为主要内容；八年级视角拓展到社会场域与国家层面，教材内容以规则意识、法治意识、公民意识的培养为核心；九年级上升到国家与世界高度，围绕国情国策、文明传承、价值认同、国际视角与人类命运共同体等主题编排内容。六册教材各有侧重又一以贯通，成为培养社会主义合格公民的重要载体。

  普通高中教育是在九年义务教育基础上进一步提升学生素质、促进终身发展的基础教育，这一阶段学生的身体、心理发展水平变化极大，思维渐趋独立，立德树人的目标集中于培养学生的学科核心素养。2017 年发布实施的《普通高中思想政治课程标准》（下称《标准》）将高中阶段的核心素养概括为四个方面：政治认同素养、科学精神素养、法治意识素养、公共参与素养。普通高中思想政治统编教材编审工作于 2019 年完成，新教材于 9 月份在全国投入使用。统编思想政治课新教材共分为必修、选择性必修与选修三部分，其中必修包括中国特色社会主义、经济与社会、政治与法治、哲学与文化四个模块，选择性必修分为当代国际政治与经济、法律与生活、逻辑与思维三个模块，选修包括财经与生活、法官与律师、历史上的哲学家三个模块，不同类别、不同模块的教材内容根据核心素养的目标要求各有侧重，例如"模块 1：中国特色社会主义"主要侧重于政治认同素养的提升，着眼于帮助学生加深对中国特色社会主义发展历程的了解，树立为共产主义远大理想和中国特色社会主义共同理想奋斗的信念;"模块2:经济与社会"侧重于科学精神素养的提升,通过讲述习近平新时代中国特色社会主义经济思想等内容,涵养学生在新时代参与社会主义现代化建设的能力;"模块3:政治与法治"侧重于法治意识素养的提升,以中国政治制度等方面内容为主,帮助学生摆正政治立场、奠定法治思维的基础;"模块4:哲学与文化"侧重于公民参与素养的提升,立足于马克思主义哲学与日常文化生活的点点滴滴,为学生奠定世界观、人生观、价值观的基础[11]。与此相似,选择性必修与选修部分六本教材结构各有着重,三大部分教材前后贯通,共同搭建提升学生核心素养的内容框架。

三、立德树人贯穿于基础教育思政课教材的原则

作为思政课学科育人的重要支柱,思政课教材的内容选取与编排如何最大限度地服务于基础教育阶段立德树人目标的实现尤为值得注重。总体来看,统编新教材既追求了育人内容的完整性与伦理空间内各德育要素的合理布局,回归了生命的本真内涵,紧密贴合学生的日常生活经验,又注重引导学生掌握正确的知识编码方式、乐于探究思考,力求通过教材提升学生思维能力,帮助学生将所学内容内化于心,运用于生活实践。

(一)全面性原则:编织完整德育谱图

立德树人之"德"是一个大的德育观念,既注重个人品德的养成,又强调社会主义核心价值观、理想信念等方面德性的内化。基础教育阶段思政课教材注重育人内容的全面性,将社会主义核心价值观教育贯穿始终,囊括了个人品德教育、心理健康教育、中华优秀传统文化教育、公民与法治意识教育、理想信念教育、国情国策教育、国际关系教育等方面的内容,融合了道德、心理健康、法律、国情等不同知识领域,每一年级包含多个要素又各有侧重,共同编织起一幅完整的德育谱图。例如一年级教材侧重于自我习惯的养成,以在学校、家庭中与他人的交往和"我"与大自然的交往为主要内容,帮助学生逐步养成良好的基本生活学习习惯、体会友情亲情的意义、树立学校生活的规则意识、学会与自然和谐共处;五年级上册教材通过"我"的日常生活、参与班级事务、认识祖国民族、了解中华文化等内容,引导学生合理安排生活、增强集体责任感、热爱祖国与中华优秀文化、树立远大理想;八年级教材视角转移至社会国家层面,通

过社会交往、社会规则、社会责任、国家利益、国情国策、法治教育等方面内容，引导学生树立规则意识、做守法公民、讲社会道德、担社会责任、增强国家荣誉感与责任感；九年级教材从国家与世界的高度，讲述了富强、民主、文明、和谐的深层意涵，将中国放在世界大舞台上，最终回归学生自身，帮助学生进一步增强国家认同感、责任感，明确世界一家亲理念，引导学生为实现中国梦、构建人类命运共同体贡献自己的力量。每一年级教材各有侧重亦涉及多个方面，从横向、纵向两个维度实现育人内容的全面覆盖。

按照《青少年法治教育大纲》与新课标的要求，统编新教材在强调德育的同时特别注重法治教育，采取专册教育（六年级上册，八年级下册，高中必修《政治与法治》模块、选择性必修《法律与生活》模块）与分散融入结合的方针，以宪法为内在精神主线，融入社会主义核心价值观教育，以规则意识、秩序意识、诚信意识等公民必备要求为重点，全面系统地设计了法治教育内容。其中小学中低段侧重于家庭、学校领域的规则意识培养；小学中高段随着学生活动范围的扩大，开始引导学生树立社会生活中的规则意识，了解基本法律常识；初中阶段侧重于权利义务、国情国策的理解与法治精神的涵养，为使学生成为合格公民奠定基础；高中阶段通过民事权利与义务、家庭与婚姻、就业与创业、社会争议解决等更加细腻的角度让学生学会运用法律解决生活问题，提升学生主动学法的意愿与自觉用法的能力[12]。各学段根据学生年龄特点设置不同难度的教育内容，满足不同阶段开展法治教育的实际需求。

（二）人本性原则：发掘生命本真价值

立德树人的落脚点是"树人"，即培育健康完整的生命个体。学生学习的目的不是为了习得多少关于道德的知识，而是为了能够协调发展，实现肌体与精神的动态平衡，在具体境遇中可以健康正向地生活，成为有个性、有特点、有品德、有理想的大写的人。人作为生命体，包含着自然躯体、感官、心理、伦理、审美、精神等各个测度及其面向[13]，基础教育思政课教材的编写正是以"人"为灵魂，以"生命"为整体框架，关注学生每一阶段的生命状态，帮助学生奠定积极向上的生命基调，引导他们发掘生命的本真价值。例如小学第一课"开开心心上学去"，针对儿童刚从幼儿园升入小学对学校环境陌生、可能存在抵触等心理的现实背景，立足于学生生命场景,题目下赫然呈现"上学啦,真高兴"六个大字,并通过设计符合他们年龄特点的漫画图景,注重帮助他们逐步熟悉校园、班级环境,体会结交新伙伴时的激动心情,感悟在学校生活学习的意义与价值,启发他们逐步摆脱抵触心理,心怀希望与期待;初中第一课《中学时代》,超越了老教材强调单项适应的既定思维,下设"新的起点""成长的礼物""有梦就有希望""努力就有改变"四个板块,通过一连串与生命体验紧密相接的具象情境,引导学生拥有"中学,我们来了!"的正向心态,使学生更加关注初中新生活的正面体验。再如整个义务教育阶段,十八本教材都以"认知自我"为内在暗线,从一年级第一单元"我是小学生啦"到九年级最后一单元"走向未来的少年",将"我"这一生命主体与他人、家庭、社会、国家、世界等一层层更大的场域联系起来,指引学生逐步认知自我价值,从而成为全面发展的大写的人。

(三)生活性原则:回归日常指导实践

教育是对学生真实生活经验的一种正向引导,鲁洁先生曾谈道:"每个人都只能基于自己的经验去建构他的道德生活。"[14]如果教育脱离学生日常经验,就会变成一种强制的外力,很难引起学生的情感认同。新课改以来,"回归生活"的教育理念越来越受到教育者的认同,这一理念在基础教育思政课教材中也得到了鲜明的体现。道德存在于生活,思政课教材淡化了有关道德的知识的强制记忆,转向以生活主题的方式编排学习内容,将课本内容巧妙融入他们逐渐外延的生活场域,所选生活事件具有典型性与教育性,引导学生从知识识记到生活建构,通过生活体验开展各个学习环节。有关道德的知识只是帮助学生习得道德知识、过更好生活的脚手架,并非思政课的最终目的,一切教学讨论环节都是为了各阶段立德树人目标的实现。学前教育《主题探究》系列教材将学与玩有机融合,加入幼儿喜爱的卡通元素,让幼儿从日常生活经验中养成良好习惯,实现树人目标;小学《道德与法治》教材按照与学生日常生活经验的紧密程度,安排了"我的健康成长""我的家庭生活""我们的学校生活""我们的社区与公共生活""我们的国家生活""我们共同的世界"六大生活领域,每一分册编排了很多让学生自主表达自身体验的环节内容,例如每课首先呈现同龄儿童的生活范式,即普遍意义上的生活经验,然后引导学生说出这一主题下自己的生活体验;初中《道德与法治》教材根据学生生活经验,围绕个人、家庭、学校、社会、国家、世界展开编排，教材每一课都从"运用你的经验"这一环节开始，将学生的自我生活经验作为课堂教学的起点，"探究与分享"环节的交流表达亦建立在个体经验的基础之上，最后的"拓展空间"又复归学生的日常生活；高中新课标中明确规定教材编写应依据学生经验，引导学生主动学习。基础教育思政课教材将"回归生活"贯穿始终，以经验为基础引导学生进行正面的价值思考，从而实现更好的课堂教学效果。

（四）主体性原则：重塑学生主体地位

课堂并非教师单向传授知识的场所，而应以学生的自主探究学习为主，明确学生的主体地位。填充式教育、灌输式教育是以往思政课堂的常见弊病，在"本本主义"的窠臼下，知识是否掌握记牢是课堂教学的关键，学生讨论探究与主动学习的过程不被重视甚至可以省略，在这种教育模式下，学生即使熟练掌握了课本知识也很难获得价值认同，立德树人的目标也就难以实现。统编版新教材力求将"教材"转变为"学材"，重构思政课堂教与学的关系，摒弃了以往"典型故事＋结论呈现＋练习巩固"的既定模式，创造性地以活动为主要框架编排课文内容，引导学生参与交流讨论，进行自主探究，进而唤醒学生自在经验，在内化德育知识的同时实现思维能力的提升与批判意识的养成。小学中低段《道德与法治》教材以图片、人物对话与儿歌为主，教材中甚至很难找到知识性的文字表述，其目的就是引导学生完全参与课堂讨论，以课本素材为载体，通过角色扮演、自主思考、合作交流，探究遇到相似情景时自己应如何思考与选择，最后通过任务卡的留白设计，让学生探究内容进行总结反思。初中《道德与法治》教材每课以"运用你的经验"开始，鼓励学生表达分享日常生活中的点点滴滴；以"探究与分享"为主要课堂活动，激发学生与学生之间经验的交流碰撞，针对不同情境分析探讨生活化案例并联系实际生活表达分享；以"阅读感悟""相关链接"为补充拓展内容，协助学生完善认知，加深体验；以"拓展空间"结束课文，配合"方法与技能"指导学生在实践中的正向表现；每一环节下的话语是交流碰撞后的总结提升，帮助学生整理探究与分享的思路，进一步体悟内化课文包含的德育因子。例如七年级上册第九课《珍视生命》第一节"爱护身体"，教材通过"小伟熬夜看球赛第二天跑步晕倒"的鲜活事例，让学生针对这一情况结合自身经验进行探究分享，逐步总结出"守护生命要关注自己身体"的结论。

(五)发展性原则：层层递进螺旋上升

思政课教材蕴含着丰富的育人资源，不同类型的育人资源有着不同的难度序阶。不同年龄阶段的学生由于思维方式、认知水平存在明显差异，所能理解与内化的知识范畴也不尽相同，如果僵化地将教学内容简单切分，对学生德性的发展即使有一定的积极意义，也无法达到课程的预期效果。统编新教材在编排时依据学生认知能力发展的阶段性特征，以层层递进、螺旋上升的方式呈现思政学科内容的基本结构，兼顾知识广度与知识深度。从横向层面看，按照学生不同年龄阶段活动范围的紧密程度，教材根据自我—家庭—学校—社区（家乡）—国家—世界的顺序由近及远地编排内容。例如一年级阶段，儿童的活动范围主要集中于学校与家庭，对于国家、世界等大层级道德活动的理解存在一定难度，教材将主要探究范围控制在自我、家庭、学校层面；五年级阶段，由于儿童认知能力不断提升，活动范围不断扩大，对国家、民族等一些较为抽象的概念有了进一步的理解，除了自我、家庭、学校外，教材将社区、国家、民族等层面也纳入内容体系中。从纵向层面讲，同一领域中，按照探究内容的难度，采用螺旋上升的布局结构，保证学生认知结构的连贯性、渐进性。例如"我们的学校生活"这一领域，一年级侧重熟悉校园环境和校园规则，养成良好习惯，三年级侧重校内人物的了解与交往，五年级侧重集体责任意识的培养，七年级侧重集体认同感、荣誉感的深化等。通过层层递进、螺旋上升的编排方式，教材呈现出一套不断加深、逐渐拓宽的道德场域体系，帮助学生获得更好的发展。

(六)叙事性原则：鲜活案例引发情感共鸣

德育源自生活又体现于生活，生活是由具体情境构成的，在无法接触教材的场域，儿童通过自己对具象事件的观察与体悟，形成对不同客体乃至整个世界的道德认知。德育离不开一定的伦理支撑，伦理学按照视角的不同可分为理性与叙事两类。所谓理性伦理学即"将存在于生活中的伦理从所融入的生活中抽象出来"[15]，叙事伦理学即"通过个人经历的叙事营构具体的道德意识和伦理诉求"[16]。"回归生活"成为新课改以来德育教材的改革方向，但"回归生活"并不意味着教材中的所有板块都是生活碎片的无序堆叠，各项内容之间也应有内在的理性关联。统编新教材在追求抽象知识结构完整的基础上突出叙事性原则，力求将鲜活具体的生活案例与作为"人"的学生建立联系，增强课堂感染力。每一课都以与学生生活息息相关的事件为基本素材，通过教育叙事、角色扮演、深入探究等环节将学生带入具体情境，引起学生情感共鸣。但这并不意味着事件彼此没有逻辑，每一素材都处于某一板块，板块之间存在着某种特定的内在连接。例如八年级上册第三课第一节"维护秩序"，"运用你的经验""探究与分享""阅读感悟""相关链接""拓展空间"五个板块涉及六个叙事化情境，拉近了课堂与学生日常生活的距离，同时板块之间又存在层层递进的关联："运用你的经验"通过排队安检、工人按规范操作、行人车辆各行其道、医院里人们保持安静四个场景让学生初步体会生活中的各项秩序；"探究与分享"通过放学后某中学门口家长们拥堵着接学生等两个探究主题，让学生明晰不守秩序的负面后果以及社会规则在生活中的重要作用；"阅读感悟"通过居民老李的具体案例让学生进一步体悟生活离不开社会秩序；"相关链接"通过"一米线"《铁路安全管理条例》中对动车吸烟的严厉处罚"两个例子让学生再次感知生活中处处有规则；最后的"拓展空间"引导学生通过出游了解景点内应遵守的规则，将道德认知付诸生活实践。同样的，每课、每单元乃至每册教材都以叙事性为文本特点，彼此之间又有清晰的逻辑结构与完整的知识体系，从而将立德树人的目标细化至每册、每课、每单元甚至每一板块，使育人效果得到最大程度的彰显。

（七）实践性原则：知行合一、学会做人

使学生"学会做人"是思政课教育的最终旨归，以此为中心的思政课堂，不能以学生识记道德知识多少为衡量质量好坏的标准，需要以引导学生在实践中遇到相似道德情境时自然而然地运用道德知识、追求过好自我的生活为核心任务。统编思政教材在编写时改变了过往偏重知识记诵、应付考试的弊病，将有关道德的知识作为协助学生内化道德知识的脚手架，在注重知识性的同时，安排了大量开放性环节，最大限度地帮助学生在课堂情境的探究中运用批判思维洞察、回望自我生活，在涵养德性的同时提升思维能力，获得实践智慧。小学《道德与法治》教材在引导学生根据日常经验交流探讨的同时特别注重实践体验，通过行动感知深刻领会教材彰显的德育因子，进而在生活实践加以应用。例如三年级上册第七课第一节

"我们的生命来之不易",通过指导学生反背书包体验妈妈怀孕时的辛苦、采访父母了解我们成长中的故事、观察父母在日常生活中从哪些方面关心我们三个环节,让学生体悟父母对他们的爱,进而在生活实践中学会关心父母、珍惜生命、健康成长。初中《道德与法治》教材,每一课都以"运用你的经验"发端,之后通过"探究与分享"环节引领学生自主表达、分享个人体验,促进小组间乃至整个班级的经验碰撞,在交流、碰撞、反思后实现个体经验的升华拓展,使学生内化共性经验,认同课文所传递的道德观念,最后以"拓展空间"结束,指引学生将课堂所学延伸至社区、家庭、社会等更加广阔的生活场域,让学生在真实行动中展现实践智慧,过好自己的生活。再如高中新课标的教学提示中,建议以小组辩论、模拟法庭、专题调研、实地访问、研学旅行等方式让学生结合实践活动了解相关模块知识,并能将所学知识用于实践,体现于日常生活,服务于社会国家。

四、立德树人贯穿于基础教育思政课教材及教学的路径

教材的编审凝聚了工作人员的大量心血,也是国家意志与战略决策的体现。根据党和国家的方针政策要求适时修订教材是体现立德树人思想的内在要求;依托课程标准、统编新教材编订地方辅助性教材,将纸质教材与网络资源建立连接,丰富思政课教材的承载内容是落实立德树人思想于教材建设的有效路径;使用好教材、用教材牵引教学育人模式的变革,将基础教育思政课教材中蕴含的立德树人因子细化落实到思政课教学中,使学生得到全面发展是教材编写的最终目的。教师应在教材完善的基础上对教材的编写理念、整体结构进行深刻认知,处理好教师"教"与学生"学"之间的辩证关系,最大限度地发挥思政教材的内在价值。

(一)研习国家方针政策,适时修订教材以体现时代意涵

基础教育思政课统编新教材的出版只是第一步,在此基础上,还需根据党和国家的方针政策要求,对教材内容与框架适时进行修改、完善,不断体现立德树人思想新的时代意涵。教材的修订要始终坚持正确的政治方向,以习近平新时代中国特色社会主义思想为内在核心,突出"德"之要义,落脚"人"之培养,引导学生养成关心国家民族大事、紧跟时代潮流的意识。国家教材委员会要把好思想关、理念关、科学关,协调教育局、

课程教材研究所等机构彼此之间的关系,在其整体领导与统筹下,充分发挥基础教育思政学科专家、课程与教科研专家、学科优秀教研员、一线优秀教师的作用,不断优化教材编审专家库的结构布局,组织建立分工合理的修订团队,仔细研读党和国家重要文件、通知、会议精神等内容,注重不同分册内容间的层次性与连贯性,保障教材修订的信效度,发掘立德树人教育因子,将国家意志贯穿于整个修订工作中。例如党的十九大报告指出中国特色社会主义进入了新时代,提出了一系列新思想、新举措、新理念与新要求,但统编新教材中部分分册在党的十九大之前就已编成问世,这就要求教材修订组要立足现有版次教材,结合大会精神对教材相关内容进行修改。修订完毕后,应在东、中、西部的城市与农村学校进行实践检验,通过多个学校的试教试用,检测修订后教材在教学一线的适宜情况,通过与当地师生的交流,吸收改进意见,再次完善并提交国家教材委员会进行会议审查,根据审查结果继续修改,确定最终版次的修订教材。

(二)根据区域实际情况,编订地方辅助性教材

每个学生都是鲜活的生命个体,引导学生通过思政课回归生活、重构生活的关键就在于教材内容要与学生直接经验发生联系,帮助学生激活内心的道德思维,解决真实的道德困境。我国幅员辽阔,不同地区的生活环境、风土人情存在着差异,统编新教材中精心选编的生活案例无法兼顾到每一个学生的具体生活,这就要求不同地区应以当地经济、政治、文化生活为背景,调动一线教师参与研发的积极性,依托课程标准的要求与统编新教材的结构框架,以带有地域特征的鲜活素材为主要内容编订地方辅助性教材,弥补统编新教材无法兼顾每一地区实际情形的弊病,使思政课教材更具针对性、鲜活性与亲和力,更加贴合学生的日常生活,能够更好地引导学生学会做人、涵养实践智慧。以八年级下册第五课《我国基本制度》为例,对于"民族区域自治制度"这一教学主题而言,统编新教材只是简单罗列了内蒙古、新疆、西藏、宁夏、广西几个地区的图片,无法引导其他地区学生结合实际理解这一制度的深层意涵,民族自治地区的地方辅助性教材可以依据具体生活情境,为学生介绍当地的自治措施与发展状况,让学生真切感知民族区域自治制度对于家乡发展的深刻意义,进一步认同与拥护这一基本政治制度。

（三）丰富思政课教材载体，建立公共教育资源数据库

统编新教材虽然选编了贴近学生生活经验的育人事例，但囿于纸质教材自身固有的局限性，其时效性、广博性、多元性的体现都受到了不同程度的限制，这就需要丰富思政课教材载体，利用线上资源，充分发挥图像、音频、视频、新闻等各类素材的育人价值。《教育信息化2.0行动计划》中指出："构建一体化的'互联网＋教育'大平台。引入'平台＋教育'服务模式，整合各级各类教育资源公共服务平台和支持系统，逐步实现资源平台、管理平台的互通、衔接与开放，建成国家数字教育资源公共服务体系。"[17]教育部门应统筹协调教材编订团队、教育技术工作者等相关人员，共同建立紧密衔接基础教育思政教材的公共教育资源数据库，将教材中每一板块的育人内容进行最大程度的拓展延伸，通过音频、视频、新闻、文献等元素将课本内容与社会时事建立连接，通过网站地址、二维码等形式搭建教材与公共教育资源数据库连接的桥梁，帮助学生在学习每一课内容时通过更加多元、全面的育人素材理解相关板块内容，获得情感价值认同。

（四）转变教学方式，以教材为载体引导学生自主学习

受"本本主义""知识传递"理念的桎梏，不少教师都将思政课堂作为价值灌输的场所，忽略教材中探究交流的环节，罔顾学生的接受能力与主观感受。在二元对立思维的禁锢下，这种填鸭式的教学方式很难转变学生固有的价值观念。思政课的核心内容是引导学生过一种健康有益的生活，这离不开学生自主的道德学习。教材中设计了很多以学生自主探究、相互交流为主的学习活动，结构编排也一改以往直接提供预设价值的方式，让学生通过讨论探究、思维碰撞获得价值认同。教材的内容设计不仅为学生自主学习服务，而且同样服务于教师的课堂教学。在教学过程中，教师应变"主导"为"引导"，充分发挥教材价值，营造利于学生自主学习的现实情境，针对具体问题，通过任务卡、辩论赛等方式激发学生探究兴趣，与生活经验建立联系，引导学生积极尝试提出解决问题的方法，进而实现道德价值的认同。例如三年级上册第十课《父母多爱我》，教师应先依据教材设计的爱心树，让学生填写表明父母关心他们的事，初步感知父母对他们的爱，接着让他们根据具体情境从反面提出父母哪些做法无法

令人理解并探究深层缘由，明白这种"不理解"的背后也是父母爱的体现，最后通过给父母写信的方式，引导学生理解父母对他们的爱是深沉的。简而言之，教师应突破纯知识传授的藩篱，为学生搭建自主探究的平台，在涵养德性的同时，促进学生批判意识与思维水平的提升。

（五）发掘事件背后的道德价值，提升学生的品性修养

学生是课堂的主体，思政课的核心是教学生做人。为实现课程既定目标，教师不仅要引导学生自主学习，回溯学生日常生活，还要在回归的基础上帮助学生反思生活，将概念认知与体现学习紧密结合，引领学生立足事例发掘背后的道德价值，过"好"自己的生活。如果课堂教学只囿于事件讨论本身而没有从道德层面对学生进行价值引领，就无法激起学生的深层反思并反作用于生活实践。因此，教师在运用教材时，要摆脱内容本身的羁绊，将学生思维、情愫等联动融合，深入学生内心价值高地，使学生思维能力、批判意识得到均衡发展，实现感性认知向理性思考层面的递升，引导学生感受生活价值，最终实现在实践中遇到相似道德境遇时可以找到解决问题正确途径的结果。例如七年级上册《解开情绪的面纱》一课，教材希望通过此课引导学生学会管理各项情绪，文本既有与学生紧密相关的感性内容，又有需要通过分析事例，提炼总结的理性内容。教师在运用文本材料时，要充分调动学生的主观思维，联系不同情境中的各种情绪，让学生明晰情绪是复杂多样的，产生负面情绪是正常的，进而引导学生在生活实践中能够正确看待各种情绪，接受各种情绪，学会调整情绪，做一个积极乐观的人。

（六）回归生活实践，发挥家庭、学校、社会等的协同育人作用

思政课程的落脚点是培养学生的实践智慧，课堂上学生知识的获得与能力的提升需要在实践行动中得到体现。教材因其固有的局限性，只能从指导实践的角度对实践进行引领。习近平总书记指出，办好教育事业，家庭、学校、政府、社会都有责任，这就需要将课堂与家庭、学校、社会的各项德育活动有机融合，充分发挥各方作用，促进立德树人根本任务的实现。以初中《道德与法治》教材为例，教材设计时注重将落脚点放在生活实践上，以"拓展空间"板块结束正文，在学习完文章内容后，创设一个新的与生活紧密相关的问题情境，增加任务难度，检测学生运用道德知识

的能力。这一板块还会设置延伸到课外的实践任务，希望学生能够养成将道德知识与价值认同实践化的意识。如八年级下册第六课第四节"国家监察机关"的"拓展空间"板块要求学生通过走访身边的监察委员会实地了解其职责，引导学生进一步体会设置这一机构的重要意义。因此，在校内，应将思政课堂与升旗、爱心义卖等德育活动有机结合，深化教材所传递的德育理念；在校外，应建立教育部门主导，家庭、社区、企业等统筹融合的育人网络，疏通各方联系渠道，方便学生课外实践活动的开展，广泛凝聚力量，为学生的成长成才营造良好的外部环境。

青少年是祖国的未来，深入理解立德树人思想的内涵，培养一代又一代德智体美劳全面发展、拥护中国共产党领导和我国社会主义制度、立志为中国特色社会主义奋斗终生的有用人才，是当今教育的根本任务。进入新时代，基础教育思政课教师应深刻领会自身在培养人才上的重要意义，认真分析思政课教材中分布的立德树人要素，把握教材呈现的各项原则，充分发挥教材在育人方面的重要作用，为祖国孕育更多的后备力量。

参考文献：

[1] 习近平主持召开学校思想政治理论课教师座谈会强调：用新时代中国特色社会主义思想铸魂育人　贯彻党的教育方针落实立德树人根本任务[N].人民日报,2019-03-19(01).

[2][4] 习近平在北京大学考察时强调：青年要自觉践行社会主义核心价值观　与祖国和人民同行努力创造精彩人生[N].光明日报,2014-05-05(01).

[3][5] 习近平在中共中央政治局第十三次集体学习时强调：把培育和弘扬社会主义核心价值观作为凝魂聚气强基固本的基础工程[N].光明日报,2014-02-26(01).

[6] 习近平.在庆祝中国共产党成立95周年大会上的讲话[EB/OL].(2016-07-01).http://cpc.people.com.cn/n1/2016/0702/c64093-28517655.html.

[7] 习近平.在中国共产党第十九次全国代表大会上的报告[EB/OL].(2017-10-28).http://cpc.people.com.cn/n1/2017/1028/c64094-29613660.html.

[8][9] 习近平.坚持中国特色社会主义教育发展道路　培养德智体美劳

全面发展的社会主义建设者和接班人[EB/OL].(2018-09-11).http://news.gmw.cn/2018-09-11/content_31097870.htm.

[10] 中华人民共和国教育部.义务教育思想品德课程标准:2011年版[M].北京:北京师范大学出版社,2012:5.

[11][12] 中华人民共和国教育部.普通高中思想政治课程标准:2017年版[M].北京:人民教育出版社,2018:11-22,26-28.

[13] 朱小蔓.中国内地生命教育的兴起与教师专业发展[G]//王秉豪等.生命教育的知、情、意、行.新北:扬智文化事业股份公司,2016:15-31.

[14] 鲁洁.道德教育的当代论域[M].北京:人民出版社,2005:290.

[15] 高德胜.叙事伦理学与生活事件:解决德育教材困境的尝试[J].全球教育展望,2017(8):56-66.

[16] 刘小枫.沉重的肉身:现代性伦理的叙事纬语[M].上海:上海人民出版社,1999:4.

[17] 中华人民共和国教育部.教育部关于印发《教育信息化2.0行动计划》的通知[EB/OL].(2018-04-18).http://www.moe.gov.cn/srcsite/A16/s3342/201804/t20180425_334188.html.

立德树人理念下高校德育教材建设研究

史贺迪　王　帅

（华中师范大学教育学院，湖北 武汉 430079）

摘　要："立德树人"理念为高校人才培养建设指明了方向，德育教材作为德育的主要知识载体，发挥着基础的导向和保障作用。从教材的角度出发，在分析德育教材现状的基础上，从教材的内容的生活化、编排的审美化、内容的实践比重、体系的衔接性和层次性、校本教材开发、建设线上德育教材资源库以及严格高校德育教材的选用等几个角度简要阐述了德育教材的建设意见。

关键词：立德树人；高校；德育教材建设

　　立德树人作为教育的根本任务，也是当今高校的立身之本。面对价值观尚未形成的学生，切实贯彻落实立德树人理念，提升高校德育实效，培养合格的社会主义建设者和接班人，在高等教育普及的今天，高校责无旁贷，任重道远。而德育教材作为"教"与"学"的依据，既为高校德育的开展起着基础保障作用，也指引着高校德育的发展方向。基于德育教材的重要性，结合现行高校德育教材存在的不足，主要从德育教材内容生活化、校本德育教材开发以及德育教材线上资料库建设、德育教材的选用等方面提供德育教材改进建议，在高校进行多方面德育建设的同时，避免对高校基础性教学资源建设的忽视。

作者简介：史贺迪，女，华中师范大学教育学院硕士研究生，主要研究教育基本理论；王帅，男，华中师范大学教育学院教授、博士生导师，主要研究教育基本理论。

一、"立德树人"语义分析

国无德不兴，人无德不立。习近平曾指出："要高度重视对青年一代的思想政治工作，完善思想政治工作体系，不断创新思想政治工作内容和形式，教育引导广大青年形成正确的世界观、人生观、价值观，增强中国特色社会主义道路、理论、制度、文化自信，确保青年一代成为社会主义建设者和接班人。"[1]

从党的十八大的召开至思政教师座谈会的举办，以习近平同志为核心的党中央高度重视学校德育的建设，坚持把立德树人作为教育的中心环节、根本任务。立德树人的教育理念为学校教育指明了方向，回答了"培养什么样的人"以及"怎样培养人的"问题。

坚持正确的办学方向是学校生存、发展的根本所在。为贯彻落实这一理念，首先要清楚"德"与"人"之间的关系。德是"树人"的根本，人是"立德"的目的。"德"因"人"而立，"人"因"德"而树。"立德"是为了"树人"，"树人"的前提是"立德"，立怎样的"德"，决定了树怎样的"人"，树怎样的"人"，体现了立怎样的"德"[2]。

其次，要明确立什么"德"，树什么"人"。德育是教育者将一定社会所推崇的品德规范与要求转化为受教育者个体的品德的一种教育[3]。当今社会所推崇和倡导的品德规范是社会主义核心价值观，因此学校德育要把社会主义核心价值观作为核心要素。此外习近平总书记多次指出，要培养社会主义建设者和接班人作为教育的根本任务，要树的"人"就是指符合时代要求的、合格的社会主义建设者和接班人。

"大学之道，在明明德，在亲民，在止于至善。"[4]学校作为培养人才的专门场所，自古以来都承担着育德的重担。当前社会文化不断融合，多元的文化观念不断渗透到高校当中，高校学生又正处于道德意识的形成期，面对多元文化的冲击，很多学生容易产生道德困惑，道德意识还不稳定[5]。并且随着我国高等教育的普及化，高校学生群体日益庞大，在这种形式之下，高校贯彻立德树人理念，引导广大的青年学生树立正确世界观、人生观、价值观的责任更加重大。

二、德育教材何以立德树人

教材作为国家意志的体现，是按照国家制定的教学大纲和教学计划编订的。教材是对人类长期以来积累的科学文化知识的选择、浓缩、重组、保存和传递，是学校实施教育的基础，是教师把握教育方向和实施具体教育活动的主要依据，也是师生探索知识、交流思想的中介，在教育活动中担任着不可或缺的角色。在推动立德树人理念贯彻落实中，国家对于教材建设也十分重视，不仅在2016年发布《关于加强新形势下大中小学教材建设的意见》为教材的建设提出指导，次年国务院办公厅特成立国家教材委员会来指导和统筹全国教材工作，贯彻落实大中小学教材建设指导意见。此外，义务教育三科统编教材（道德与法治、语文、历史）已在全国范围统一使用，由此也可见教材的重要作用。

教材是教师有计划地开展教学的依据，是与学生进行沟通联系的中介，是进行知识以及情感、价值观传递的载体，教材质量的优劣会对课堂的教学秩序以及教学效果产生直接影响。教师会根据德育教材内容和体系进行知识讲解、安排教学的进度、进行价值引导。且课堂教学内容是在教材内容的基础之上，发挥主观能动性转化而来的，逻辑缜密、内容科学的高质量教材更易进行有效、准确转化，使德育更具实效性，是教师提升教学质量的保障。

教材作为最基本的学习资料，是学生进行学习的主要指导书，其内容的系统性和知识的高度整合性，能够帮助学生快速、清晰、有效地掌握知识。教材帮助学生在知识的逐渐积累之中，提升认知水平，丰富情感体验，进而影响举止行为。德育教材作为社会主流意识形态的载体，其思想性对学生价值观的引导起着不容忽视的作用，对学生道德认知的完善起着基础性的影响。一部好的德育教材往往成效显著，使学生受益匪浅。

总之，德育教材在高校贯彻落实立德树人教育理念，提升德育实效，培养合格人才中担负着重要角色。德育教材的质量直接影响着学校德育功能的实现，内容优质、更新及时、形式多样的德育教材起着保障教学质量、提升教育成效的重要作用，积极进行德育教材建设是促进高校德育水平发展的重要环节。

三、高校德育教材建设现状

德育内容可大致分为四大部分：道德教育、法制教育、政治教育和思想教育。目前我国高校主要开设了马克思主义基本原理概论、毛泽东思想和中国特色社会主义理论体系概论、中国近现代史纲要、思想道德修养与法律基础等课程,与之相对应的教材多达上百种。在这些德育教材的作用下,我国高校德育也取得了一定的发展,但目前高校德育所取得的实效与德育目标还有一定的差距,德育教材也仍存在一些问题。

(一)德育教材体系普遍老旧,远离生活实际

现行教材内容更倾向关注国家、集体的状况,教材内容理论性强,与学生的生活实际联系性较少,针对性低,无法唤起学生丰富的情感体验,引发深刻思想感悟。出现学生道德认知不深刻,道德判断不明晰,道德行为未落实的现象,学生"卷纸上写的"与"心里想的"和"实际做的"不相符,知行不一,口是心非。

而单纯的理论知识致使教材内容较为枯燥乏味,问卷调查显示,99%的教师认为,所规定的德育课程教材及阐述的内容过于概念化、理论化、条条框框化,显得呆板、枯燥,缺乏生动性和趣味性、吸引力[6]。德育教材内容难以调动起学生的学习兴趣与积极性,德育理论知识难以深入人心,教学成效低。此外,以理论知识为主的教材编写模式也不符合我国现阶段以学生为主体、注重激发学生能动性的教育理念,忽视对学生独立思考能力以及创新思维的培养,不利于达到新时期对人才培养的要求。

(二)德育教材忽略学生审美需求

现行德育教材所使用的语言重逻辑与理论,大多寡淡无味,以单纯的理论叙述为主要表达方式,方式单一,阅读体验差;教材装帧设计也比较粗糙,缺乏艺术性,设计风格单调、排版模式几乎一成不变,呈现出比较传统、没有新意、个性化程度低的现状。

根据"高校教材装帧设计品质对大学生学习兴趣及阅读影响情况"的调查,在接受调查的大学生当中,100%的大学生认为高校教材装帧会影响自己的学习兴趣和阅读率[7]。"老学究"似的德育教材语言表述方式很容易引起学生的视觉疲劳和心理倦怠,使学生注意力难以集中。而封面设计以及内部的目录、字体、章节、板块、图表等布局的单调、单板、千篇一律,也使教材缺乏美感。整体而言,没有顾及当今学生对于教材的阅读感受和审美需求,学生对于德育教材普遍兴趣低下,使得教师教学难度大,学生收效低,难以实现德育目标,达到教学应有的效果。

(三) 高校德育理论与实践割裂

高校德育的理论与实践往往是割裂的，理论的学习主要体现在德育课堂上，由教师根据教材以讲授法进行授课。而实践主要体现在学校的党团以及社团活动中，实践活动的组织与开展大都由辅导员以及团委教师负责。德育授课教师与团委教师两者之间工作上的联系沟通往往较少，学科理论与社会实践结合不紧密，"理论跟着教材走，实践跟着经验走"，"各自为政"的意味明显。

德育教材中很少出现与理论相对应的实践的板块或者具体的实践要求，而学校组织开展的社会实践并不是紧随理论学习之后，也很少专门根据理论内容设计实践活动。理论缺少实践的锻炼和强化，实践缺少理论针对性和有效性的指导，致使道德理论知识易出现混淆，道德实践的科学性不强。

(四) 德育教材体系不连贯

在立德树人理念的指导下，大中小学都积极响应党中央的要求，把德育置于重要地位。但是现行德育教材存在大中小教材内容简单重复，分工和协调不明确的问题。例如：高中《思想政治文化生活》与大学的《思想道德修养与法律基础》都讲社会主义核心价值观的践行，且编排风格相似，难以使学生获得新鲜感，似曾相识的内容容易使学生放松警惕，不重视课堂教学，上课走神、睡觉，甚至逃课的现象时常出现。

其次，教材内容的层次性、递进性不强。德育教材内容呈现板块化的结构，按照知识内容，分板块进行编排，模块之间内容联系不紧密，在教材逻辑与抽象程度方面递进不明显，德育作用不连贯，影响德育的整体功能的发挥。

(五) 德育教材未关注到个体差异

全国高校的德育教材采用统一的体系进行编排，忽略学校之间的办学水平差异以及学生的个体能力差异，默认学校办学水平、师资条件以及学生个人能力为同一层次，一概而论，教材的针对性差，德育效果不能得到保证。此外，存在部分教材为了提高教材的适用性和发行量，对教材内容进行高度整合概括，没有细分适用群体的情况。在这种状况之下，教材大多呈现出覆盖面广、通用性强的特点，不能够顾及学生多样化、个性化的发展需求，无法充分发挥学生的主观能动性，也无法满足社会对于多层次、多样化人才的需求。

这种千人一面的教育模式不仅不符合充分满足学生发展需求的教育理念，也不利于立德树人理念落到实处、取得实效，不利于高校人才的培养，难以发挥出德育应有的作用。

（六）德育教材资源匮乏

虽然处于网络技术发达的信息化时代，数字化的发展也如火如荼。但目前德育教材仍以纸质版的教科书为主要载体，这就相应的促使教师单方面语言讲解成为主要的授课方式，这种状况已经不符合时代发展的要求，更不利于对立德树人理念的有效落实。

德育相关资源匮乏，即使教师进行资料拓展，大多也是推荐与课程内容相关的书目，这些图书往往理论性较强，晦涩难读，难以引起学生的兴趣，真正去认真阅读推荐书目的学生更是少之又少。且受到纸质书编写特点的限制，教科书更新较慢，难以及时体现网络上随时会出现的道德热点，不能为学生实际的道德抉择提供正确的引导，不利于学生正确道德观念的形成与深化。

四、高校德育教材立德树人功能的实现

为切实发挥好教材在德育中的作用，贯彻落实立德树人的根本任务，既要坚持德育教材的思想性，又要在内容、形式上贴近生活，与时俱进，积极开发德育校本教材，建设德育教材资料库，严格德育教材的选用，全面落实立德树人的根本任务，使社会主义核心价值观在全体学生中，内化于心，外化于行。

（一）思想性是德育教材的命脉所在

在教材编写的过程中，也是将立德树人理念融入教材的过程，思想性贯穿德育教材的始终。教材的思想性起着提纲挈领的作用，要始终把握教材正确的政治方向，站在立德树人的高度，落实习近平新时代中国特色社会主义思想，把社会主义核心价值观作为德育教材编写的核心要素，培养学生的爱国情怀，增强学生的民族认同，提升学生的个人素质，努力把学生培养成为合格的社会主义建设者和接班人。青年学生思想活跃，意气风发，好奇尚异，加之当前社会环境复杂，网络社交发达，影响学生价值观

的因素众多，且关于青年学生道德沦丧的事件也经常出现，因此引导青年一代树立正确的价值观念，不被各种形式的歪理邪说误导刻不容缓，这也更突显了德育价值导向的迫切性。

（二）德育教材内容需要贴近学生实际生活

道德知识不是一堆僵死、枯燥的概念、范畴，而是生活的智慧。因此，德育教材的知识逻辑必须遵循生活逻辑，通常的表达就是：从生活出发，通过生活，为了生活[8]。首先，在教材内容的选择上，应该与学生的生活实际相关联，遵从生活逻辑。德育的过程是知情意行的过程，情感在德育中起着关键的作用，能够引起学生认同、产生情感共鸣的教材内容才能够触及学生自身的情感体验，引发学生深入的道德思考。要达到这一目的，教材的编订者就要了解学生真实的想法和需求，从学生的实际道德生活着手选取德育内容，不要站在高高在上权威者的角度进行说教，明确教材服务于学生的角色定位，不能与学生的实际生活背离。其次，教材的背景介绍、故事选取、作业设计等方面也应注重情境性，从社会风气、社会问题以及学生生活中遇到的实际道德两难中选取贴近学生道德生活的素材。

所选的德育素材既要有代表性、多样性，又要有一定的理论深度，以理服人，增强教材的感染力，真正能使学生对于教材内容感同身受，促进学生的道德认知向道德情感和道德实践转变，引导学生利用相关知识解决成长困惑，增强学生在实际生活中正确做出复杂道德判断的能力，起到德育应有的作用。

（三）注重德育教材的审美化

德育教材承载形式的赏心悦目也是丰富德育教材趣味性的途径之一。其一是语言审美。过多使用理论化和抽象化的语言，会使教材内容单调乏味，长篇大论，阅读理解起来难免乏味枯燥，学生当然也就兴趣索然。美好的事物往往更具吸引力，调节教材的语言格调，使用较为优美典雅、生动有趣、学生喜闻乐见的语言表述再结合生活化的内容，避免纯粹的理论介绍、道德说教，不仅能增强教材的吸引力，也能给学生带来审美乐趣。

其二是教材装帧设计的审美。"酒香也怕巷子深"，在保证教材内容的高质量的同时，也要注重教材自身美的感染力。关照教材所对应年龄段学生追求时尚、张扬个性的心理特点，注重教材的封面设计，合理搭配教材内部的字体风格、颜色搭配、图表布局、版面设计等因素，使教材德育与美育并举，高内涵与高颜值并重。

（四）增加德育教材中的实践比重

价值观的学与教，不同于知识、技能的学与教，很难以直接的方式（如口授和训练）加以教授，必须诉诸学生的亲身体验和理性认同[9]。此外，道德最终是体现在实践中的，对学生道德水平的判断是以其道德行为为依据的，在实践中育德是进行德育的重要方式。

提升德育教材内容的实践比例，增强教材内容与学生之间的互动性。可通过设置专门的板块或者作业设计环节详细具体地安排与学习内容和学生生活相关的实践活动，对实践活动的介绍不可太过笼统，仅以问答的形式或者寥寥数语的简洁要求作为实践活动的导向和要求，要注重实践的可操作性，把理论和实践结合起来，引导学生把道德认知转化为道德行为。一方面要坚持在德知定向、德情驱动下进行德育实践，将课堂理论教学与课外德育实践结合起来，避免出现实践的娱乐化、形式化、走过场等问题。另一方面，德育实践要发挥实效，必须具有一定的价值深度和高度，在实践中要调动学生主动参与，引导学生真正理解德育实践的目的、价值，在德知指导下进行实践，并从实践中进一步提高思想道德水平，实现知行合一、知行互进[10]。

（五）注重德育教材体系编排的衔接性与层次性

俗语说"十年种树，百年树人"，对人的培养是一个持续连贯的过程，并非一朝一夕之功。首先，德育的连贯性和持续性要求德育教材在内容上必须做好衔接。不仅要做好小、中、大各学段德育教材内容的分工和衔接，既要避免已学内容的简单重复，又要避免对新内容的学习浮于表面，浅尝辄止，而且也要注意高校学生从入校到毕业各个学年之间德育教材的连贯性和协调性，根据各学年学生的情况，有针对性地安排德育内容，增强各学年德育教材的内容联系、衔接和协同，形成教育合力，这样才能使整体教育效益大于部分之和，最终培养出符合时代要求的社会主义建设者和接班人。

其次，注意教材内容的层次性。习近平在学校思想政治理论课教师座谈会上讲到：小、中、大学循序渐进、螺旋上升地开设思想政治理论课非常必要，是培养一代又一代社会主义建设者和接班人的重要保障。春花秋叶，事物都有其发展的规律和特征，要根据学生能力的发展规律，合理安排不同内容，使其体现层次的递进性。小学、中学至大学，随着学生道德认知水平和逻辑思维能力的发展，德育的深度也在增加，教材内容编排的过于简单或者过于复杂都不利于学生学习兴趣的提升，应由低至高，由浅入深，前后相继，循序渐进，形成各学段各自的特点。

（六）开发校本教材，提升德育实效

立德树人作为教育的根本任务，被置于核心位置，为贯彻落实立德树人理念，使社会主义核心价值观真正入脑入心，校本德育教材的开发是有效途径之一，同时也是学校办学特色的重要体现。国家系列德育教材无法避免的较少针对地方实际，且更新较慢的问题，而校本德育教材贴近学校实际情况，针对性强，德育热点和时政热点更新快的优势恰好能够弥补这一缺点。校本德育教材作为国家德育教材体系的补充，与国家教材体系相辅相成。

学校处于一定的文化背景之下，而文化具有稳定性和浸润性的特点，深藏于生活和群体的言谈举止、思维方式之中，会使学生潜移默化地受到当地文化的影响。首先，校本教材的开发可以以学校所在地域的特定的、稳定的地域文化为根基，充分挖掘本校、本地素材，将校训、培养宗旨以及本地的纪念馆、图书馆、红色景点、新闻报道、人物事迹等作为德育内容的素材来源，增强本土文化与学生的有益联系，提升德育的现实感、针对性、感染力和亲和力。

其次，应积极动员一线教师进行校本教材的开发。高校一线教师与学生接触密切，更能掌握学生思想动态。通过对教师进行相应的培训，制定有效奖励措施，设置校本教材开发专题小组等方式，鼓励教师积极参与校本教材的开发。按照教学大纲、教材编写提纲和课程教学的要求结合学校的特色，在教材目标的设定、体系安排以及素材的选取上集思广益，进行积极沟通，反复商榷，组织专业人员进行认真校对、审定，以保障教材的质量。应编写出专业化程度高、针对性强、贴近生活的优质教材，避免校本教材流于形式，否则无法收到预期教育成效。

(七) 建设德育教材线上资料库

在当前移动互联网发达便捷的时代背景下，仅仅依靠以教科书为主的纸质教材难以实现立德树人的育人目标。纸质教材从立项、编写到投入使用的周期较长，教材内容往往难以跟上不断更新的知识体系，且现行德育资源以教科书和参考书为主，网络上的相关资料未经筛选，良莠不齐。丰富现有的德育资源是德育教材建设的关键环节，建设德育教材线上资源库是整合德育素材、更新丰富德育内容、促进德育建设的重要途径。首先可利用现代网络技术博采众长，整合资源，再通过全覆盖的网络系统，实现在全国范围内的共享。

协同相关技术人员建设特色鲜明、板块众多、内容丰富的德育教材资料库。教师、教材编订者、德育专家学者以及学生上传音频、微电影、相关文献、新闻素材等资料建设素材板块，供教师、学生随时查阅取用；教师上传教学案例、教学资料、德育心得建设教学板块，促进德育教师之间的沟通交流，互相启发，取长补短，反思改进；上传教师研究方向和研究成果，建立德育教师库，可设置学生私聊以及留言板块，方便师生交流，提升教师影响力；设置热点分析板块，通过进行社会实时道德热点分析，帮助学生根据社会实际案例来进行正确的道德判断，做出正确的道德抉择；上传多种版本的教科书，并提供教师对教材的分析评价，帮助学生选择更适合自己的教科书，既可以顾及学生个性的发展，又突出了学生的主体地位；通过举行主题实践评比活动，上传优秀实践活动资料，一方面激发学生对于实践活动的关注度，另一方面也可以为实践活动提供借鉴参考。可根据实际情况，积极建设，增设特色板块。

德育教材线上资料库以其内容丰富、实时更新、形式多样、随时登录、检索便捷等特点可为师生的工作和学习提供极大的便利，弥补纸质教材的不足。同时，专门的资料库也为信息化背景下学校德育的系统持续发展提供了支持，推动教材从纸质化走向数字化。

特别要注意的是，要对上传德育教材资料库的内容进行审查、筛选、去伪存真、去粗取精，既要保证德育教材资料库内容的正确性、科学性，又要注重其优质性。如果对学习资料不加选择，全盘地搬到资源库中，不仅浪费学生查阅资料的时间，而且使学生不容易把握学习重点，导致学生低效率学习[11]。

（八）严格德育教材的选用标准

教材确立了教学的基本线，是教育质量的基本保证，择优选用教材既是对学生负责的表现，也是对优秀教材编写的鼓励。高校德育是公共必修课，上课学生数量众多，影响广泛，德育教材的选用是否得当更为重要。首先，要选取专业化程度高、符合学校需求的教材。尽管选用教材的影响因素众多，但是不管处于何种情况下，教材的质量都是如同食品安全一样至关重要，要防止劣质教材流入学校课堂。观念陈旧、内容寡淡的低质量教材会影响教师权威，降低学生兴趣，使教学质量大打折扣。

其次，要建立完善的教材选用监督体系，基本每所高校都有自己的教材选用程序，但是很多学校却将其束之高阁，出于便利等各种原因未把选用程序落到实处。教材的选用不被重视，随意性较强，受个人主观意愿影响程度高。因此要建立完善的监督体系来保证选用程序落到实处，合理合法选用教材，保障教材的优选率。

再次，积极听取一线教师对教材使用情况的反馈，关注教材的最新情况。例如新教材的出版、教材版本更新、配套线上资源的使用等，综合评估，择优选用。

最后，和同等类型的高校保持常态化沟通交流，增强对同类院校的教材选用情况的了解，取长补短。

在立德树人理念的指导下，高校要切实提升德育实效的途径众多，但德育教材作为最基本、最直接的社会主流意识形态的体现，作用不容忽视。只有在德育教材不断完善的基础之上，进行师资、教法、管理等方面的建设才更见实效。

参考文献：

[1] 申罡.习近平：要高度重视对青年一代的思想政治工作[EB/OL].(2019-01-22).http://www.china.com.cn/opinion/theory/2019-01/22/content_74397358.htm.

[2] 曲士英,王埼.立德树人视野中的高校素质教育实现路径[J].现代教育管理,2014(11):54.

[3] 冯文全.多学科视角下对德育本质的反思[J].教育研究,2005(10):

11-17.

［4］朱熹.四书章句集注［M］.北京:中华书局,2010:3.

［5］蔡杰.高校校园网络文化视域下大学生思想政治教育研究［D］.四川师范大学,2013.

［6］罗红希,陈小明,贾学斌,等.社会主义核心价值观融入大中小学德育课程及教材体系的问题及对策研究:基于德育课教学大纲、文件和教材以及评价体系的审视［J］.吉林省教育学院学报,2016,32(10):106-111.

［7］张秀芳.提升高校教材装帧设计艺术品质的研究［D］.哈尔滨师范大学,2013.

［8］［9］杜时忠,曹树真.社会主义核心价值观"进教材"的教育学探索［J］.教育研究,2015,36(9):34-39.

［10］陈文海.论高校德育体系建构的三重转化［J］.学校党建与思想教育,2017(1):26-29.

［11］蒋志辉.基于建构主义学习理论的网络课程教学设计模式思考［J］.湖南科技学院学报,2008(4):193-194.

立德树人贯穿于高校思想政治理论课教材体系研究

薛　惠　彭伊雯　史降云

(华中师范大学马克思主义学院，湖北 武汉 430079)

摘　要：高校思想政治理论课是落实立德树人根本任务的关键课程，高校思想政治课教材承载着教学的主要内容，在高校思想政治课教学中发挥着重要的作用。将立德树人贯穿于高校思政课教材体系，是培养时代新人的使命要求。将立德树人理念贯穿高校思想政治课教材体系过程中，应该注重将立德树人贯穿教材设计、编写、呈现的全方位和全过程，在高校思想政治课的教材内容和教材呈现方式上应体现立德树人的理念。在具体操作中应注重以下几个融合：立德树人贯穿于高校思政课教材体系的融合，社会主义核心价值观与高校思政课教材体系的融合，大中小学思政课教材体系的有机衔接，高校思政课程教材体系与课程思政教材体系的融合，亲和力和针对性的融合，理论需要与学习期待的融合。

关键词：立德树人；高校思想政治理论课；教材体系

2019年3月18日，习近平总书记在学校思想政治理论课教师座谈会

基金项目：本文系国家社科基金青年项目"新发展理念视域下道德协调治理机制研究"(16CKS039)，教研项目"思政课'同课异构'法中的美育深度融合研究"，华中师范大学中央高校基本科研业务费项目"习近平教师教育理念研究"的阶段性成果。

作者简介：薛惠，女，华中师范大学马克思主义学院副教授，主要从事思想政治教育研究；彭伊雯，女，深圳市美术学校教师，华中师范大学硕士研究生，主要从事学科教学(思政)方面研究；史降云，女，华中师范大学马克思主义学院副教授，主要从事思想政治教育研究。

上指出:"思想政治理论课是落实立德树人根本任务的关键课程。青少年阶段是人生的'拔节孕穗期',最需要精心引导和栽培。"[1]2016年12月7日至8日,习近平总书记在全国高校思想政治工作会议提出"要加快构建中国特色哲学社会科学学科体系和教材体系,推出更多高水平教材"[2]。可以看出,高校思想政治理论课作为面向全校学生开设的必修课程,在立德树人方面起着重要且关键的作用。而教材作为思政课教学的依据,其内容需密切围绕党的最新思想和理论成果展开。高校思想政治课教材一方面体现出我国对于大学生培养的德智体美劳全面发展的要求;另一方面也体现了我国志在培养社会主义建设者和接班人的殷切希望。为了更好地贯彻落实立德树人的根本要求,我们不仅要从高校思想政治教师队伍建设上下功夫,更要在将立德树人贯穿于高校思想政治课教材体系上下功夫,增强高校思想政治教育的合力,共同推动立德树人在高校思想政治课中的落实。将立德树人贯穿高校思想政治课教材体系,有利于紧跟时代步伐,编写高水平兼具中国特色高校思想政治课教材,从而将立德树人的理念贯彻落实到大学生的日常生活实践中去。

一、将立德树人贯穿于高校思政课教材体系是培养时代新人的使命要求

高校思想政治课是国内高等学校开设的必修基础理论课,共五门课程,分别为思想道德修养与法律基础、毛泽东思想和中国特色社会主义理论体系概论、中国近现代史纲要、马克思主义基本原理、形势与政策,其目的在于培养学生正确的三观,良好的道德修养和科学素养的社会主义建设者和接班人。高校思想政治课教材是高校思想政治的重要载体和工具。高校思想政治教材是高校思想政治课教学的重要教学资料,是教师教和学生学的重要载体。

从习近平总书记对"时代新人"多次阐述的要求和标准来看,担当民族复兴大任的时代新人应具备的主要内涵特征有:"坚定的理想信念、强烈的担当意识、过硬的本领能力、不懈的奋斗精神。"[3]2018年9月10日,习近平总书记在全国教育大会上指出,"培养什么样的人"要在"六个方面"下功夫,其中之一就是"要在加强品德修养上下功夫"[4]。因此可见,中国特色社会主义进入新时代培养"时代新人",既要注重知识、能力、

理想信念，又要注重对于青年的道德培养，其中道德品质是最基础和最根本的。在高校思想政治教育课教学中，我们就要紧密贴合教材，将立德树人理念贯穿于高校思想政治教材的始终，通过高校思想政治教育课教学渗透道德教育，将当代大学生培养成为全面发展的符合当代社会发展要求的时代新人。

立德树人这一思想具有悠久的历史渊源和丰富的时代内涵。立德树人分为两个方面："立德"和"树人"。"立德"是指通过自身修养或者社会教化形成高尚的道德素养，拥有良好的道德行为习惯。最早起源于春秋时期《左传》中的"立德"的思想："太上有立德，其次有立功，其次有立言，虽久不废，此之谓不朽。"[5] "树人"则是强调培养后继者，主要是指培养人才。春秋时期的《管子·权修·第三》中"一年之计，莫如树谷；十年之计，莫如树木；终身之计，莫如树人。一树一获者，谷也；一树十获者，木也；一树百获者，人也"，用栽培树木来类比栽培人才之精细与长远。当代的立德树人的时代内涵主要包含两个方面的内容：一是对于个体来说，要求个体的德智体美劳的均衡全面发展。当代大学生在具备知识、能力的同时，也应该具有高尚的道德品质。不能顾此失彼，相反，道德应该摆在首要地位。它对其他各方面的发展也具有不可估量的引领作用。二是对于社会来说立德树人所要培养的人是具有良好的道德品质、道德行为习惯的社会主义专业人才，是中国特色社会主义的建设者和接班人。立德树人所培养的人才是德才兼备、均衡全面发展的人才。

立德树人贯穿于高校思政课教材体系是培养时代新人的使命要求，通过立德树人与高校思想政治课教材二者的有机融合，培养符合社会发展要求的，德智体美劳全面发展的时代新人。

二、立德树人贯穿于高校思政课教材体系的体现

党的十八大以来，"立德树人"多次在党中央的文件中得以体现，特别是在学校思想政治理论课教师座谈会上，习近平总书记就大中小学的思想政治教育工作提出更加具体的、有针对性的观点和建议。其中关于道德建设的内容，为我们将立德树人贯穿到高校思想政治课教材中的探索提供了很大的帮助和指点，也为我们将立德树人思想融入高校思想政治课教材体系的研究提供了足够的底气和自信。首先，我们将立德树人理念贯穿高

校思想政治课教材体系过程中,应该注重将立德树人贯穿教材设计、编写、呈现的全方位和全过程,在高校思想政治课的教材内容和教材呈现方式上都应体现立德树人的理念和基本要求。

高校思想政治课的教材在编写的过程中,应积极将立德树人的思想融入教材内容中,以文字的方式呈现出我国立德树人对在校大学生的道德要求。以文字知识的方式进行系统、规范的阐述。2017年7月,国家教材委员会正式成立。高校思想政治课教材也是由该领域的学科专家们一起协同编写。高校思想政治课教材的部分教材具有很强的时代性。如思想道德修养与法律基础、毛泽东思想和中国特色社会主义理论体系概论。国家教材委员会在组织编写高校思想政治课教材时,要将当下的新思想、新理念、时事政策和党中央对大学生的新要求、新期望融入教材中,对立德树人的新思想、新内容、新解读,也应该及时、准确地融入教材内容中。

其次,我们在将立德树人融入高校思想政治课教材的过程中,除了要做好文本教材的呈现以外,也可在高校思想政治课教材向教学体系转化的过程中,积极创新教材的呈现方式,结合当代大学生的兴趣点进行多样化的呈现。如通过慕课、Vlog、短视频等方式,突破课堂教学时间和教室空间限制。以网络课堂的形式进行教学,贴合当代大学生偏好光影声色的趋势。而以短视频的方式通过记录生活细节来表达高校思想政治课教材中的知识与道德要求,一方面,有利于调动在校大学生的学习兴趣与热情;另一方面,有利于大学生将立德树人的思想剥离课本,贯彻落实到日常的行为中去。立德树人的宗旨就是让学生德智体美劳全面发展,对内拥有良好的道德修养,对外表现出良好的道德行为习惯。高校思想政治课教材以多样化的方式呈现立德树人具体内容,而不是单一的固守文本教材本身,如此一来才能将立德树人贯穿高校思想政治课教材体系的始终。

三、注重立德树人贯穿于高校思政课教材体系的融合

(一)将社会主义核心价值观融入思政课教材体系

立德树人是教育的根本任务,也是践行社会主义核心价值观的重要维度。高校思想政治课教材要体现立德树人,就要切实将社会主义核心价值观与高校思想政治课教材体系进行有机融合,推进大学生社会主义核心价

值观教育。社会主义核心价值观分为国家、社会、公民三个方面，将其与高校思想政治课教材体系加以融合，可以培养学生的公民个人美德、社会公德和国家之德。由此，社会主义核心价值观以高校思想政治课教材为依托，达到立德树人的目的。

社会主义核心价值观实质上是中国社会共识的最大公约数。将社会主义核心价值观融入高校思想政治课教材体系，就是将社会共识的价值理念融入高校思想政治课教材，让在校大学生通过思想政治课的教学，将社会主义核心价值观的相关内容内化于心，外化于行。社会主义核心价值观融入高校思想政治课教材体系，在横向上要涉及五门课程的教材；在纵向上要贯穿高校思想政治课教材编写的始终。将社会主义核心价值观融入五门课的教材中，并不是简单地添加内容，而是根据每门课的教材内容特点，有侧重、有重点地进行讲解。如在思想道德修养与法律基础课程中阐述社会主义核心价值观的基本内容、现实基础以及在日常生活中如何落实等；在毛泽东思想和中国特色社会主义理论体系概论课程中则阐释社会主义核心价值观与中国特色社会主义理论体系之间的关系，社会主义核心价值观的理论内涵；在马克思主义基本原理课程中探讨社会主义核心价值观的理论来源等。社会主义核心价值观与高校思想政治课教材体系的纵向融合，要注重将社会主义核心价值观贯穿教材体系的始终，教材的内容要与社会主义核心价值观所倡导的相一致。

（二）有机融合衔接大中小学思政课教材体系

立德树人的培育对象并不局限于在校大学生，它的培育对象涉及各个学段、各个年级的在校学生和其他公民。因此在立德树人贯穿学校教育的过程中，为了达到最佳的教育效果，我们不仅要着眼立德树人与高校思想政治课教材的融合，也要注重立德树人与其他学段的教材融合与衔接。

中共中央办公厅、国务院办公厅印发《关于深化教育体制机制改革的意见》强调："要健全立德树人系统化落实机制。要构建以社会主义核心价值观为引领的大中小幼一体化德育体系。针对不同年龄段学生，科学定位德育目标，合理设计德育内容、途径、方法，使德育层层深入、有机衔接，推进社会主义核心价值观内化于心、外化于行。"[6]将大中小学思想政治课教材体系进行融合，构建大中小学校思想政治课教材一体化机制，增强立德树人和学校思想政治教育课教材的连贯性和科学性。

学校思想政治教育分为四个阶段：小学阶段的品德与社会，主要让学生熟悉和理解社会生活的重要时期，形成道德情感、道德认识和道德判断能力，养成行为习惯，以及提高道德判断和行为选择能力，发展学生主动适应社会、积极参与社会的能力；初中阶段的道德与法治，主要探讨成长中的"我"与他人的关系以及"我"与集体、国家和社会的关系，培养学生的正确思想观念和良好道德品质，使学生成为有理想、有道德、有文化、有纪律的社会主义合格公民奠定基础；高中的思想政治课教材没有统一的名称，分为选修教材与必修教材，必修教材主要探讨政治、经济、文化、哲学领域的相关知识，选修教材则更加突出专业性，包含法学、经济学、社会学、哲学等方面的专业知识；大学阶段的高校思想政治课教材有四本，与其他学段的思想政治教材不同，这一阶段的教材兼具科学性、思想性、德育性和时代性，重在培养学生的道德素质、科学素养，培养学生形成正确的三观。

各个学段的思想政治教材具有不同的侧重点，在大中小学思想政治课教材体系的衔接方面不可避免地存在一些问题。就高中思想政治课教材与高校思想政治课教材的衔接来说，存在的问题有：第一，高中思想政治课教材与高校思想政治课教材存在部分的重合。如高中思想政治必修四《生活与哲学》与高校思想政治课教材《马克思主义基本原理》中的知识点存在部分的重合。第二，由于文理分科制、选课走班制，部分学生并没有完整学习高中思想政治课的必修教材。这就导致理科生或是高中未选择政治科目的学生在学习高校思想政治课教材时，相关的政治常识缺乏，学习基础薄弱。第三，高中思想政治课教材与高校思想政治课教材的知识衔接与实际教学之间存在误差。文科生或是选择政治科目的学生并未完全学完高中思想政治课的选修教材。这就导致高校思想政治课教材编写者根据高中思想政治课教材的知识基础进行编写时，要考虑高中思想政治课的实际教学情况。

大中小学校思想政治课教材一体化机制是大中小幼一体化德育体系的重要组成部分。将立德树人贯穿高校思想政治课教材体系的实践活动，也不可忽视高校思想政治课教材与大中小学思想政治课教材的相互衔接、相互配合。大中小学校思想政治课教材一体化机制的建立则能有效地增加学校思想政治课的整体效果，更能发挥教材的立德树人作用。

(三) 思政课程教材体系与课程思政教材体系的融合

课程思政实质是一种课程观，不是增开一门课，也不是增设一项活动，而是将高校思想政治教育融入课程教学和改革的各环节、各方面，实现立德树人润物无声[7]。我们在将"思政课程"与"课程思政"二者相融合的时候，也要注重在教材体系层面的融合。

课程思政的教学改革的关键应在课程体系中得以体现，在教材体系中得以落实。将立德树人贯穿高校思想政治课教材中，注重思政课程教材体系与课程思政教材体系之间的融合。协调好"知识传授"和"价值引领"之间的融合。

习近平总书记在全国高校思想政治工作会议上指出，"要用好课堂教学这个主渠道，思想政治理论课要坚持在改进中加强，提升思想政治教育亲和力和针对性，满足学生成长发展需求和期待，其他各门课都要守好一段渠，种好责任田，使各类课程与思想政治理论课同向同行形成协同效应"[8]。高校思想政治课教材是进行知识传授的重要载体，也是进行思政课程教学的重要基础。高校思想政治课与其他课程协同发展，发挥思政教育合力时，也要注重教材融合。以高校思想政治课教材为中心，充分挖掘其他教材的立德树人作用，构建教材共同育人的"同心圆"。在思政课程教材体系与课程思政教材体系的融合过程中，要坚持以习近平新时代中国特色社会主义思想为指导，克服思政课程教材体系与课程思政教材体系"两张皮"，实现全员育人、全过程育人、全方位育人。在二者的融合过程中，要积极寻找其他教材中的"思政点"，以此为基础"以点带面""借题发挥"；要协调个体发展要求与社会发展要求之间的关系，既要注重个体德智体美劳的全面发展，又要反映新时代社会发展对公民素质创新人才的新要求。思政课程教材体系建设是人才培养的重要环节，建设科学的、系统的、高质量的思政课程教材体系与课程思政教材体系，实现立德树人教育目标势在必行。

(四) 亲和力和针对性的融合

2019年3月18日习近平总书记在学校思想政治理论课教师座谈会上强调，"推动思想政治理论课改革创新，要不断增强思政课的思想性、理论性和亲和力、针对性"[9]。要想借助高校思想政治课教材贯彻落实立德树人的目标，在教材内容上就要具有针对性，要旗帜鲜明地倡导社会主义核心价值观，对各种错误的知识、观点、道德行为等进行客观公正的批判。高校思想政治课教材本身具有思想性的特点，立德树人也是在一定的理论基础之上进行道德教育、公民教育、爱国主义教育等。因此立德树人贯穿高校思想政治课教材过程中，要处理好生涩的思想教育与亲和力之间的关系，这就要求教材编写者注重教材编写语言贴近大学生的实际生活，教材中的案例与实际生活息息相关，教材中的板块设计考虑大学的生活实际和兴趣趋向等。如思想道德修养与法律基础课程中可以添加一些与大学生维权相关的案例，使大学生通过案例的剖析，达到知法、懂法、守法、用法的目的。这也在很大程度上增强了教材的亲和力，有利于协调好教材学理性与亲和力之间的关系。

立德树人贯穿于高校思想政治课教材体系中，在教材编写方面要增强针对性和亲和力；教师借助教材向学生进行授课时，也要注重针对性和亲和力二者的统一。教材编写环节与教材讲解环节都注重针对性和亲和力，才能达到预期的立德树人的教育目标。教师讲解教材时应围绕教材中的重点与难点进行讲解，增强教材德育作用的针对性，从而达到良好的教学效果。同时，高校思想政治教师讲解教材的方式也要多样化，可使用具有亲和力的教学语言进行教授，也可采用其他方式，如开展社会实践、社会调查、关于社会主义核心价值观的专题演讲等。这些方式与学生的生活息息相关，会拉近学生与高校思想政治课教材之间的关系，减少学生对教材中学理性知识产生的距离感和排斥心理。

（五）理论需要与学习期待的融合

立德树人对于当代大学生的要求是多方面的。立德树人作为当代大学生思想政治教育的根本任务是培养德智体美劳全面发展的社会主义建设者和接班人。社会和国家对于年青一代给予厚望。2004年10月14日中共中央、国务院发出《关于进一步加强和改进大学生思想政治教育的意见》指出："大学生是十分宝贵的人才资源，是民族的希望，是祖国的未来。加强和改进大学生思想政治教育，提高他们的思想政治素质，把他们培养成中国特色社会主义事业的建设者和接班人，对于全面实施科教兴国和人才强国战略，确保我国在激烈的国际竞争中始终立于不败之地，确保实现全面建设小康社会、加快推进社会主义现代化的宏伟目标，确保中国特色社会主义事业兴旺发达、后继有人,具有重大而深远的战略意义。"[10] 由此可见,我国对于大学生自身的知识、能力、道德都有一定的要求,大学生要投入中国特色社会主义伟大事业中也需要一定的真本领。立德树人和高校思想政治课都对大学生的知识、能力、道德提出要求,这些要求就体现在高校思想政治课教材内容当中。

按照教育教学的一般规律,学生在接受课堂教学之前,必然需要对所要学习的课程内容和收获有所期待,也希望通过学习可以有所收获,弥补自己的知识缺陷,提升自己的专业素养和道德水平。学习期待属于学习动机的一种。根据班杜拉的自我效能感理论,期待分为两种,结果期待和效能期待。结果期待是指人对自己某种行为会导致某一结果的推测。如果人预测到某一特定行为会导致某一特定结果,那么他就会去做。效能期待是指个体对自己能否实施某一行为的能力推测或判断。即当个体确信自己有能力完成某一活动时,就会产生高度的"自我效能感",并实施该活动。因此在高校思想政治课教材编写过程中,我们应该充分考虑学生的身心发展阶段的特点,并充分保护学生的学习动机和一定的学习期待。

在高校思想政治课教材的编写过程中,要考虑学理性知识的通俗性和学生的可接受性。立德树人贯穿高校思想政治课教材体系当中,高校思想政治课教材中就包含很多学理性基础性知识。其中包括马克思主义政治经济学、辩证唯物主义和历史唯物主义、科学社会主义、中国近代史、马克思主义基本原理、中国特色社会主义思想等内容。课程内容包括哲学、经济学、历史学、法学等方面的知识。因此在高校思想政治课教材编写过程中,一方面,要保证具有真材实料的知识,减少"假大空"的语言,满足学生的理论需要,增强学生学习高校思想政治课的获得感;另一方面,也要根据大学生整体的科学文化素质,确定合理的难度。大学生群体中有部分学生在高中阶段并未完整学习高中思想政治课的教材,高校思想政治课教材的编写要基于此确定教材的难度,将学生的学习动机和学习期待控制在合理的范围之内。

青年兴则国家兴,教育强则国家强。高校思想政治理论课教材作为思政课教学的依据,其内容的设计需密切围绕党的最新思想和理论成果展开,充分反映和体现新时代中国特色社会主义思想,从而实现育人的根本目的。在实现中华民族伟大复兴的征程中,培养德智体美劳全面发展的社会主义的建设者和接班人。

参考文献：

[1] 习近平.学校思想政治理论课教师座谈会[C].北京,2019.

[2] 习近平.全国高校思想政治工作会议[C].北京,2016.

[3] 习近平.中国共产党第十九次全国代表大会[C].北京,2017.

[4] 习近平.全国教育大会[C].北京,2018.

[5] 陈勇,陈蕾,陈昱.立德树人：当代大学生思想政治教育的根本任务[J].思想理论教育导刊,2013(4):9-14.

[6] 中共中央办公厅、国务院办公厅印发《关于深化教育体制机制改革的意见》[R/OL].(2017-09-24). http://www.gov.cn/xinwen/2017-09/24/content_5227267.htm.

[7] 高德毅,宗爱东.课程思政：有效发挥课堂育人主渠道作用的必然选择[J].思想理论教育导刊,2017(1):31-34.

[8] 习近平在全国高校思想政治工作会议上强调：把思想政治工作贯穿教育教学全过程 开创我国高等教育事业发展新局面[N].人民日报,2016-12-09(01).

[9] 习近平.学校思想政治理论课教师座谈会[C].北京,2019.

[10] 中共中央、国务院最近发出《关于进一步加强和改进大学生思想政治教育的意见》[R/OL].(2004-10-14). http:www.moe.gov.cn/S78/A12/szs_lef/moe_1407/moe_1408/tnull_20566.html.

【立德树人贯穿于评估体系研究】

高校立德树人评价的科学内涵、基本特征与机制构建

刘宏达

(华中师范大学,湖北 武汉 430079)

摘 要:科学的评价是高校落实立德树人根本任务的内在驱动力。高校立德树人评价在内涵上要坚持社会主义办学方向评价、人才培养质量评价、党的建设基本功评价、思想政治工作生命线作用评价;其评价目的具有根本性,评价主体具有多元性,评价内容具有综合性,评价方式具有贯穿性。构建高校立德树人评价机制,必须着力构建其实施机制,不断完善其质量标准,加强构建其保障体系,不断创新其方法体系。

关键词:立德树人评价;内涵;特征;机制

党的十八大以来,以习近平同志为核心的党中央围绕"培养什么人、怎样培养人、为谁培养人"这一根本问题,提出把立德树人作为教育的根本任务。2018年习近平总书记在全国教育大会上强调指出:"健全立德树人落实机制,扭转不科学的教育评价导向,坚决克服唯分数、唯升学、唯

基金项目:本文系国家社科基金"大数据时代大学生思想政治教育创新研究"(17BKS127)的阶段性成果。

作者简介:刘宏达,男,湖北省中国特色社会主义理论体系研究中心研究员,华中师范大学马克思主义学院教授、博士生导师。

文凭、唯论文、唯帽子的顽瘴痼疾,从根本上解决教育评价指挥棒问题。"[1]高校如何扎根中国大地办好社会主义大学和完成立德树人这一根本任务,必须构建科学的立德树人评价机制,并以科学的评价充分激活内生动力和进一步推动内涵式发展。

一、高校立德树人评价的科学内涵

评价是对事物及其发展的意义、价值或状态等所进行的一种判断。高校立德树人根本任务的落实,"需要建立科学的工作机制,将高校各教育要素按照教育及人才成长的内在逻辑紧密结合,形成相互支撑、合理分布的制度框架"[2]。高校立德树人评价,就是指对高校如何构建立德树人根本任务落实机制及其成效所进行的工作评价。从内涵上看,高校立德树人评价主要包括四个层面的内容。

(一)社会主义办学方向评价

教育是一种有目的地培养人的社会活动,其主要解决受教育者个体与社会之间的矛盾,从而使受教育者个体能够适应社会发展的需求。作为国家上层建筑的重要组成部分,教育具有鲜明的阶级性,体现在其以占主导地位的社会意识形态为指导,为国家和社会培养所需要的人才。我国《宪法》《教育法》《高等教育法》等明确规定高等教育事业的发展必须为社会主义现代化建设服务。党的十八大报告中明确指出"立德树人是教育的根本任务";习近平总书记进一步强调指出,"高校的立身之本在于立德树人","我国有独特的历史、独特的文化、独特的国情,决定了我国必须走自己的高等教育发展道路,扎实办好中国特色社会主义高校"[3]。方向决定着道路,高校立德树人评价就是对高校是否坚持社会主义办学方向进行评价,即评价高校的办学方向是否同我国发展的现实目标和未来方向紧密联系在一起,对是否做到"四个服务"进行评价,包括是否做到为人民服务,为中国共产党治国理政服务,为巩固和发展中国特色社会主义制度服务,为改革开放和社会主义现代化建设服务。

(二)人才培养质量评价

人才培养是高校办学的中心环节,人才培养质量是高校办学质量的核心标志。高校以立德树人为根本任务,就是要以社会主义核心价值体系和中华民族传统美德来培养又红又专、德才兼备、全面发展的社会主义的建设者和接班人。习近平总书记强调,"古今中外,每个国家都是按照自己的政治要求来培养人的","我国是中国共产党领导的社会主义国家,这就决定了我们的教育必须把培养社会主义建设者和接班人作为根本任务"[4]。人才培养质量决定着高校办学的质量,高校立德树人评价就是对高校培养的人才是否具有新时代中国特色社会主义建设者和接班人所应有的基本素质和精神状态进行评价,对高校人才培养是否做到"六个下功夫"进行评价,包括是否在坚定理想信念上下功夫、是否在厚植爱国主义情怀上下功夫、是否在加强品德修养上下功夫、是否在增长知识见识上下功夫、是否在培养奋斗精神上下功夫、是否在增强综合素质上下功夫。

(三)党的建设基本功评价

加强党的全面领导是由我国高校的社会主义本质属性所决定的。对于我国任何一所大学来说,无论是公办高校,还是民办高校;不管是走争创"国际一流"办学道路,还是走区域特色化的办学道路,坚持和加强党的全面领导都是核心前提。而坚持这一核心前提,必须练好党的建设基本功。习近平总书记强调:"教育部门和各级各类学校的党组织要增强'四个意识'、坚定'四个自信',坚定不移维护党中央权威和集中统一领导,自觉在政治立场、政治方向、政治原则、政治道路上同党中央保持高度一致。""各级各类学校党组织要把抓好学校党建工作作为办学治校的基本功,把党的教育方针全面贯彻到学校工作各方面。"[5]党的建设水平决定着高校治学办校的能力,高校立德树人评价就是对高校如何加强党的全面领导和党的建设等情况进行评价,包括高校是否建立健全党委领导下的校长负责制和院系党政联席会议制度,是否切实加强党的各级基层组织建设和落实各级党组织管党治党、治学办校的主体责任,是否有效发挥党员干部的先锋模范带头作用等。

(四)思想政治工作生命线作用评价

意识形态工作是党的一项极端重要的工作,而思想政治工作是抓好党的意识形态工作的重要途径,是一切工作的生命线,是党的优良传统和政治优势。高校是社会主义意识形态教育的关键领域,是敌我双方意识形态斗争和抢夺接班人的重要阵地,将思想政治工作贯穿于高校教育教学全过程,是牢牢把握社会主义意识形态领导权和主动权的必然要求。思想政治工作质量决定高校各项工作的质量，高校立德树人评价就是对高校是否将思想政治工作有效地贯穿于教育教学全过程及其时代感和吸引力等进行评价，包括是否做到统筹推进"思政课程"和"课程思政"建设，是否做到加快构建中国特色哲学社会科学以及形成有效支撑社会主义意识形态的学科体系、学术体系、话语体系，是否做到对中国特色社会主义先进文化的创造性转化和创新性发展以及以文化人、以文育人，是否做到对思想政治工作规律、教书育人规律、学生成长规律的遵循以及推动思想政治工作传统优势与现代信息技术的高度融合等。

二、高校立德树人评价的基本特征

评价活动通常包括明确评价目的、确定评价主体、制定评价内容、选择评价方法等环节，重点解决"为何评""谁来评""评什么""如何评"等一系列问题。高校立德树人评价既是高校各项工作评价的重要组成部分，又是高校各项工作评价的核心部分和首要内容，其具有四个方面的基本特征。

（一）评价目的具有根本性

评价目的解决"为何评"的问题。习近平总书记强调，"把立德树人的成效作为检验学校一切工作的根本标准"[6]，这就是强调高校立德树人评价具有根本性特征，即其根本目的在于，通过科学的评价促进高校立德树人根本任务落到实处，"教师要围绕这个目标来教，学生要围绕这个目标来学。凡是不利于实现这个目标的做法都要坚决改过来"[7]。正确认识高校立德树人评价目的具有根本性特征，可以从以下三个层面进行把握：首先，高校立德树人评价是一种思想认识评价，即是否从思想观念上牢固树立高校的根本任务是立德树人的意识。高校作为党执政兴国的重要依靠力量，必须始终贯彻党的教育方针，为党育人、为国育才。只有首先在思想上重视立德树人这一根本任务，才能使高校管党治党、办学治校始终沿着正确的方向前进。其次，高校立德树人评价是一种工作过程评价，即是否从行动措施上切实推动立德树人各项具体任务的落实。高校立德树人根本任务的落实，是一个全员、全过程、全方位的推进过程。只有对这一过程中各要素作用发挥及其相互联结情况等予以科学评价，才能从中总结经验和找准问题，为更好地、持续地推动立德树人各项工作的改进与完善创造条件。再次,高校立德树人是一种工作成效评价,即是否从质量效果上保证立德树人根本任务的各项要求得到贯彻实现。高校立德树人评价最终需要落实到人才培养的质量提高上。只有对立德树人根本任务各项要求的贯彻落实情况及其成效进行质量评价,才能使对人才培养的质量评价具有可依托的载体和可操作的形式,从而以工作成效评价促进人才培养质量的提升。

(二)评价主体具有多元性

评价主体解决"谁来评"的问题。由于高校立德树人根本任务的完成,是一项多主体力量协同、统筹推进的系统工程,其中既包括各级党委、政府的政策指导和工作督导,也包括高校各个部门、院系以及全体师生的职责分工与工作协同,还包括社会、家庭等的关心支持与力量协同,因而对高校立德树人的评价既是各项任务实施主体的自我评价,也是不同实施主体之间的相互评价。高校立德树人评价主体具有多元性特征,主要体现在评价主体具有四个层级:一是以各级党委、政府为评价主体,即各级党委、政府根据各自职责对高校落实立德树人根本任务进行工作督导评价,包括政治巡视、专项督察、工作考核等。二是以高校为评价主体,即高校依据党和国家的相关政策以及自身制定的相关制度,对自身落实立德树人根本任务的情况进行自我评价,既包括高校党委对各部门、各院系及教师、学生等主体落实立德树人根本任务的工作考核,也包括高校党委、院系党委、教师、学生等不同层级主体对各自完成立德树人根本任务情况进行自我评价等。三是以社会为评价主体,即与高校落实立德树人根本任务紧密相关的社会机构、企事业单位、学生家庭等主体对高校进行的人才培养质量评价等。四是以第三方为评价主体,即各级党委、政府以及高校委托第三方对高校落实立德树人根本任务情况进行专业评价,既包括社会专业化的第三方评价常设性机构,也包括根据评价任务由专业同行人士组成的第三方评价临时性组织等。

(三)评价内容具有综合性

评价内容解决"评什么"的问题。高校落实立德树人根本任务,既在宏观上有着明确的根本性内容规定,如坚持社会主义办学方向、以人才培养为核心目标、以党的建设为政治保障、以思想政治工作为主线贯穿等;

又在微观上有着详细的具体性内容规定，如政策落实、制度完善、职责界定、队伍建设、工作考核、评价促进等。将根本性内容规定与具体性内容规定充分结合起来进行评价，就体现着高校立德树人评价内容的综合性。具体地说，这种评价内容的综合性体现在三个方面：一是规定性评价与创新性评价相结合。规定性评价是对高校落实立德树人根本任务必须要完成的工作进行评价，如贯彻党的教育方针的坚定性评价、构建更高水平人才培养体系的完整性评价、落实党和国家相关政策与制度规定的彻底性评价等。创新性评价是对高校结合各自实际情况创造性开展工作，并取得立德树人创新性成果等所进行的评价，如政策创新、机制创新、制度创新、实践创新等。二是现实性评价与发展性评价相结合。现实性评价是对高校落实立德树人根本任务的实际工作开展情况进行评价，包括对所取得的成绩和存在的问题等进行评价。发展性评价是对高校落实立德树人根本任务的发展过程及其成效进行评价，包括与过去相比所取得的进步，与未来相比存在的优势与发展趋势等内容评价。三是共性化评价与个性化评价相结合。共性化评价是对各个高校在落实立德树人根本任务过程中如何解决共性化问题所进行的工作评价，如体制机制优化、条件保障、队伍建设等内容评价。个性化评价是针对不同类型高校在落实立德树人根本任务过程中如何解决个性化问题所进行的工作评价，如办学传统的差异化、人才培养的个性化、资源利用的区域特色等内容评价。

（四）评价方式具有贯穿性

评价方式解决"如何评"的问题。由于立德树人根本任务贯穿于高校管党治党、办学治校的各个环节，贯穿于教育教学的全过程，因而对其进行评价也必须采取贯穿性的评价方式，将立德树人评价与当前高校各种类型的评价考核工作相衔接，并将之列为各种评价考核的首要内容与核心指标。高校立德树人坚持贯穿性评价方式，主要包括以下几种途径：一是将立德树人评价列为高校党建质量评价考核的重要内容。当前对高校党建工作进行评价考核，主要有政治巡视、专项巡察、领导班子述职评议考核等形式，将是否落实立德树人根本任务作为评价考核高校各级组织、领导干部等履职尽责情况的重要指标，有利于进一步提高各级领导干部对高校立德树人根本任务的重视与落实。二是将立德树人评价列为高校学科建设与人才培养质量评价考核的重要内容。当前"双一流"建设、学科评估、教学科研成果评价等成为高校加强学科建设和改革人才培养方式的重要助力，将立德树人评价贯穿于其中，有利于落实立德树人根本任务的各项要求由"软要求"变成"硬约束"。三是将立德树人列为高校思想政治工作质量评价考核的重要内容。当前高校思想政治工作正在着力实施"十大"质量提升工程，将立德树人评价贯穿于课程育人、科研育人、实践育人、文化育人、网络育人、心理育人、管理育人、服务育人、资助育人、组织育人等评价之中，将有利于立德树人根本任务的落实更加具体化和实效性。四是将立德树人列为高校师德师风建设评价考核的重要内容。高校每一项工作、每一门课程、每一位教师、每一处场所等都具有育人功能，都负有育人职责，加强师德师风建设和发挥教师"学为人师、行为世范"的带动引领作用，是高校落实立德树人根本任务的重要途径。将立德树人评价贯穿于教师的年度考核、人才项目评审、科研项目申报等工作之中，有利于进一步激发广大教师教书育人的主动性和积极性，从而有助于形成全员、全过程、全方面落实立德树人根本任务的工作格局。

三、高校立德树人评价的机制构建

评价机制是指评价过程各构成要素之间的结构关系及运行方式，其既表现为评价过程所贯穿的工作体制，也表现为评价实施所依据的政策制度等。高校立德树人评价机制，是指围绕如何评价高校落实立德树人这一根本任务所形成的工作体制机制与政策制度体系等。

（一）着力构建立德树人评价的实施机制

科学的评价是高校落实立德树人根本任务的重要环节，而科学的评价又离不开科学的评价实施机制。坚持科学的评价，需要将整体性评价与分级分类评价相结合，既要对高校立德树人的根本性作用发挥情况进行综合性评价，也要根据不同类型、不同层级等立德树人各要素作用发挥情况进行针对性评价。实现科学的评价，需要构建与之相适应的实施机制。

1. 坚持自上而下评价与自下而上评价相结合。

自上而下评价主要指上级组织基于政策的规定性对下级开展工作所实施的评价活动。高校立德树人自上而下的评价包括各级党委和政府对高校的工作评价、高校党委对院系党委的工作评价、院系党委对基层组织以及教师与学生的评价等。自上而下的评价，有利于维护高校落实立德树人根本任务的政策权威性。自下而上评价主要指下级组织基于实际需要对上级开展工作所实施的评价活动。高校立德树人自下而上的评价包括教师与学生对各级组织的工作评价、高校基层组织对学校的工作评价、高校对各级党委和政府的工作评价等。自下而上的评价，有利于保护基层组织的工作积极性与促进上级组织工作的改进等。将自上而下的评价与自下而上的评价相结合，一方面促进各级组织、组织与师生等之间的多向互动，形成民主管理与互动评价的现代化评价管理机制；另一方面充分激活自下而上的积极性和创造性，形成以需求和问题为导向的科学化评价创新机制，最大限度地避免评价中容易出现的官僚主义和形式主义等不良倾向。

2. 坚持自内而外评价与自外而内评价相结合。

自内向外评价主要指工作系统内主体对系统外与之相关工作进行的评价。高校立德树人自内向外评价包括高校对社会环境的影响、学生家庭的协同等方面的评价。自内向外的评价，有利于增强高校对社会环境变化的关注、对社会各种育人力量的统筹协同等。自外向内评价主要指工作系统外主体对系统内部各种工作情况进行的评价。高校立德树人自外向内评价包括高校办学治校水平的社会影响度、人才培养质量等的社会评价。自外向内的评价，有利于高校提高对自身特色优势及存在不足等的认识。将自内而外的评价与自外而内的评价相结合，既体现着高校立德树人根本任务的落实是一项需要全社会共同参与的系统工程，又体现着高校以一种更加开放的态度加强对社会育人资源的统筹与整合。

3. 坚持分级分类评价与结果反馈运用相结合。

不同类型的高校及其不同层级的育人主体，有着不同的育人职责，只有构建分级分类评价实施机制，才能对他们落实立德树人根本任务的情况进行科学评价。同时，构建分级分类评价实施机制，有利于将评价结果及时地、准确地反馈给相应育人主体，既促进评价结果与主体职责的评价考核挂钩，从而强化评价的政治性和严肃性，又促进评价结果与人员素质的培养培训挂钩，使评价结果成为高校各育人主体提高自身素质的重要内容。

(二) 不断完善立德树人评价的质量标准

高校立德树人评价一方面要根据党和国家对学生和教师的培养要求，

制定具体的学生和教师的思想政治素质评价指标体系，使对人才培养质量和师德师风情况的评价能够做到有据可依；另一方面要根据党和国家对立德树人的实施要求，制定具体的评价指标体系，使其评价内容能够进一步细化和具体化。

1. 对接国家标准。

党和国家制定出台一系列关于高校思想政治工作、教师队伍建设、大学生思想政治教育、辅导员班主任队伍建设等文件，事实上形成了加强和改进高校思想政治工作的国家标准体系。高校系统学习和贯彻这些标准，使对接和落实这些标准的要求更加明确。一是对接党中央关于加强党对高校全面领导的建设标准。如健全高校党委领导下的校长负责制，按政治家和教育家的双重标准选齐配强高校领导班子；健全院系党政联席会议制度，按院系党组织有为有位、有责有权的标准，切实发挥院系党组织在高校党建体系中的枢纽作用；创新高校基层党组织建设，按照《中国共产党基层党支部条例（试行）》等，推动基层党组织的标准化、规范化建设，并按"双带头人"标准加强教师、党支部书记队伍建设，更好地发挥学术带头人在基层党建中的"头雁效应"等。二是对接国家关于构建德智体美劳"五育"并举人才培养体系的建设标准。如加强高校马克思主义学院建设，加快推进高校思想政治理论课教学创新体系建设，持续打好提高高校思想政治理论课质量和水平的攻坚战；充分挖掘利用各类课程的思想政治教育元素和资源，全面落实高校每门课程、每名教师、每个课堂的育人职责，使"课程思政"与"思政课程"始终同向同行；坚持"以本为本"的教学理念，加强高校人才培养体系改革，加快构建中国特色哲学社会科学，不断丰富知识体系理论教学与实践教学的内容与形式等。三是对接党中央关于高校教师队伍的建设标准。如按照习近平总书记提出的"四个相统一""四有好老师""四个引路人"的要求，着力提升教师思想政治素质，按照《新时代高校教师职业行为十项准则》的要求，建立健全高校教师培养培训、挂职锻炼、考评考核、监督惩戒等一整套制度等。

2. 创建地方标准。

绝大多数高校党的关系都在地方党委，地方党委要切实担负起属地管理职责，既要严格贯彻落实党和国家的各项要求，又要结合具体的省情、地情，创造性地建设本地本区域的建设标准和实施办法，从而形成富有区域特色的地方标准。一是建立地方党委主抓高校党建与思想政治工作的长效性工作标准。如建立地方党委常委联席高校制度、定期讨论高校党建与思想政治工作制度、地方党政领导深入高校师生调研制度、地方领导为高校师生上思想政治理论课制度等。二是建立地方各部门协同解决高校党建与思想政治工作具体问题的常态化工作标准。如建立高校意识形态事件应急处置机制、高校党建与思想政治工作社会实践资源建设统筹机制、民办高校思想政治工作建设指导机制等。三是建立地方促进高校立德树人根本任务落实的激励性工作标准。如落实高校思想政治工作队伍的编制与绩效奖励政策、建设区域性的高校思想政治工作队伍培养培训与优秀人才选拔机制、大力支持高校党建与思想政治工作的示范平台建设等。

3. 建设高校标准。

高校是落实立德树人根本任务最重要的主体，要根据党和国家、本省本地的各项要求，坚持因地制宜、因校制宜，制定更具有操作性的建设标准和实施办法，从而形成能够落地落实、具有高校个性化特色的学校标准。一是坚持以政治建设为首要标准。即贯彻新时代党的建设总要求，以政治建设为统领，全面推进高校党的政治建设、思想建设、组织建设、作风建设、纪律建设，不断提高党建工作质量。二是坚持以育人为核心标准。即将思想政治工作贯穿教育教学全过程，构建更高水平的人才培养体系，把立德树人融入思想道德教育、文化知识教育、社会实践教育各环节，贯通于学科体系、教学体系、教材体系、管理体系之中。三是坚持以构建"十大"育人质量提升实施工作体系为具体标准。即结合高校实际，切实制定和完善"十大"育人体系建设的具体实施办法，特别是要加强具有传统优势与创新特色的精品项目建设，形成可复制、可推广、可视化的典型经验等。

（三）加强构建立德树人评价的保障体系

将高校立德树人的各项职责和任务落地落实，需要构建强有力的保障体系。一方面，要构建将高校立德树人贯穿教育教学全过程的保障体系，使之能够对人才培养的全过程、全方位发挥引领和促进作用；另一方面，要构建高校立德树人系统内各要素相互协同、相互促进的保障体系，使之能够充分激活思想政治工作的全要素,并发挥好他们各自的作用。

1. 构建政策保障体系。

高校立德树人评价是一项政策性极强的工作,保持各项政策的相对稳定性和可持续性,对于推动其科学发展具有十分重要的意义。构建高校立德树人评价的政策保障体系,一方面要坚持以评价指导工作的严格性和严肃性,另一方面要坚持以评价促进工作的连续性和创新性,使各项评价工作不能因人、因事的变化而随意改变,同时要因时、因事、因势的变化不断地进行工作创新。一是将立德树人评价贯穿于高校管党治党、办学治校的水平评价。如通过对高校领导的思想政治素质、工作作风、工作绩效等进行评价,来考查他们对落实立德树人根本任务是否思想上重视、行动上务实等。二是将立德树人评价与高校人才培养体系改革的质量评价相贯穿。如通过对高校学科专业建设水平、课堂教学质量、学生综合素质等进行评价,来考核高校各类学科专业的人才培养是否贯彻落实德智体美劳全面发展的教育方针等。三是将立德树人评价贯穿于高校各项业务工作的目标考核。如通过将思想政治工作评价作为高校各项工作必须考核的重要内容,来评价高校各项工作是否做到以育人为中心等。四是立德树人评价贯穿于高校教师与干部队伍建设的素质评价。如将思想政治素质和育人能力评价作为高校教师与干部队伍考核的核心内容,来评价高校是否形成全员育人、全过程育人、全方位育人的工作格局等。

2. 构建制度保障体系。

加强高校立德树人评价需要有常态化、长效化的制度保障。"制度问题更带有根本性、全局性、稳定性、长期性。"[8]构建高校立德树人评价的制度保障体系,就是要规范评价的各项工作管理,使之得到高校师生的集体认同和制度认同,始终处于相对稳定的推进状态。一是加强评价工作的统筹设计。既要从整体上对高校落实立德树人根本任务情况评价进行制度设计,又要对高校各项具体工作如何落实立德树人根本任务情况评价进行制度设计;既要对各级各类组织落实立德树人根本职责情况评价进行制度设计,又要对各类不同岗位的具体人员落实立德树人根本职责情况评价进行制度设计等。二是加强评价工作的过程管理。即建立从评价目标确定、评价方案设计、评价过程实施、评价结果形成等全过程的制度管理体系，使评价工作的各个环节都能够做到有据可依、有章可循。三是加强评价结果的反馈运用。一方面将评价结果与工作考核、人员考核等相关联，使之起到落实责任、激励先进等作用；另一方面将评价结果与工作改进、人员培养培训等相关联，使之起到反思工作、改进工作等作用。

3. 构建条件保障体系。

加强高校立德树人评价工作，需要在人、财、物等方面切实加强条件保障，做到人尽其才、财尽其力、物尽其用。一是提高各级各类人员参与和接受立德树人评价的意识。高校立德树人各级各类主体既是实施评价的主体，包括对其他主体工作的评价及自我评价；同时也是接受评价的客体，包括接受其他主体及学生的评价。只有切实提高各级各类主体参与和接受评价的意识，才能为评价过程的顺利实施提供前提条件。二是加强各级各类评价主体的评价能力提升。高校立德树人评价是一项综合性工作，既需要以客观的材料为评价支撑，也需要评价主体科学的主观判断。只有不断提升各级各类评价主体的评价能力，才能使各项评价工作确保科学化、专业化实施。三是加强高效率利用的财物保障。高校立德树人评价工作离不开财物支持，各级党委、政府及高校等要根据工作的实际需要，既提供充足的经费支持，也要提供设施和功能齐全、运转高效的工作环境支持，从而为各项评价工作提供必要的物质基础保障。

(四) 不断创新立德树人评价的方法体系

高校立德树人评价坚持多主体、多形式、多元素评价，需要不断丰富和创新评价的方式方法。在大数据时代，高校立德树人评价应将传统优势与现代信息技术高度融合，既加强对立德树人的目标和效果等进行质量评价，又加强对立德树人全要素及其作用发挥进行过程评价。

1. 以系统分析方法促进定性评价方法创新。

定性评价方法是高校立德树人评价的传统方法，其主要是运用观察与体验、分析和综合、比较与分类、归纳和演绎等逻辑分析方法，通过对高校立德树人各项工作的现实呈现状态或过程呈现资料等进行分析，从而得出结论性价值判断。系统科学方法将高校立德树人根本任务的落实看作一个大的系统，其系统内外的各个相关要素及其之间的相互协同，具有整体性、关联性、互动性等特点。以系统分析方法促进高校立德树人定性评价方法的创新，主要包括三个层面：一是对高校立德树人的系统特征及其变化进行定性评价。既要对高校立德树人具体的系统从纵向上进行特征比较，以此评价其是否具有变化性，又要从横向上对高校立德树人相同或类似的系统进行特征比较，以此评价其是否具有差异性。二是对高校立德树人的系统要素及其作用进行定性评价。高校立德树人系统的各个要素既相对独立地发挥着各自的作用，也在相互关联中促进协同育人作用的发挥。只有立足于系统的整体性分析，才能对不同要素作用发挥的情况进行综合评价。三是对高校立德树人的系统环境及其影响进行定性评价。高校立德树人的系统环境既包括育人资源的拥有与利用，也包括育人活动的管理与推进。以系统分析方法来加强对高校立德树人的环境及其影响进行定性评价，有利于准确地诊断工作中存在的问题，以及深刻地揭示这些问题的起因和有效地提出解决问题的方案等。

2. 以大数据分析方法促进定量评价方法创新。

在高校立德树人评价中，定量评价方法起着重要的辅助作用，其主要是运用测量与统计、模糊数学等方法，通过收集和处理数据资料对高校立德树人各项工作进行数据呈现和数值描述，从而得出非结论性的价值判断，并为定性评价提供依据。传统的定量评价不仅受限于数量的来源、种类、大小等，而且受限于数据获取的难度。随着大数据时代的来临，高校智慧化校园建设的程度日益提高，特别是在对师生进行数字化教育、信息化管理、网络化服务等过程中，产生了海量的、可以充分利用的数据，借助这些数据的获取、管理、分析与利用，可以使立德树人的定量评价进入大数据阶段。大数据分析方法打破传统的"小样本"评价方式和因果思维，使定量评价在"大样本"分析的基础上，实现精确性评价和智能化评价。以大数据分析方法促进定量评价方法的创新，需要做到以下几个方面：一是系统构建高校立德树人的大数据管理系统。即通过促进立德树人各项工作的信息化建设，使相关工作能够实现数字化和数据化，并通过大数据管理系统能够实现收集、储存和管理等功能。二是不断构建高校立德树人的大数据评价模型。即通过创建高校立德树人评价的各种大数据分析模型，来实现对不同的具体评价对象的可视化呈现和定量评价。三是创新研制高校立德树人的大数据评价产品。即通过推动大数据、人工智能等技术的运用，使高校立德树人的大数据评价进一步进入人工智能阶段，从而使其定量评价由传统的人工模式向现代的智慧化模式转变。

参考文献：

[1][4][5][7]习近平在全国教育大会上强调:坚持中国特色社会主义教育发展道路 培养德智体美劳全面发展的社会主义建设者和接班人[N].人民日报,2018-09-11(01).

[2]谭秀森.论高校立德树人根本任务的实现机制[J].思想教育研究,2013(11):51-54.

[3]习近平在全国高校思想政治工作会议上强调:把思想政治工作贯穿教育教学全过程 开创我国高等教育事业发展新局面[N].人民日报,2016-12-09(01).

[6]习近平.在北京大学师生座谈会上的讲话[N].人民日报,2018-05-03(02).

[8]习近平谈治国理政:第1卷[M].北京:外文出版社,2018:391.

立德树人贯穿于师范生培养评价体系研究

赵芸逸

(华中师范大学,湖北 武汉 430079)

摘 要:立德树人是社会主义教育的根本任务,在师范生培养评价体系中贯穿立德树人是落实这一任务的重要举措。本文针对师范生这一"准教师"群体,从贯彻落实国家人才强国战略、全面深化教育改革、促进师范生自身成长成才三个层次分析立德树人贯穿于师范生培养评价体系的重要意义。通过文献梳理和经验总结,归纳出当前立德树人贯穿于师范生培养评价体系方面主要存在认识程度不足、制度建设不健全、评价体系落实不彻底等方面的问题。在现状分析的基础上,本文从思想认识、制度建设、政策落实三个方面着力,构建立德树人贯穿于师范生培养评价体系路径。

关键词:立德树人;师范生;评价体系

党的十八大以来,习近平总书记在不同场景、面向不同群体,反复强调高校立身之本在于"立德树人",立德树人是社会主义教育事业的根本任务。在2018年全国教育大会上,习近平总书记着重指出,要"坚持党对教育事业的全面领导,坚持把立德树人作为根本任务",为社会主义现代化事业培养建设者和接班人[1]。当中国特色社会主义进入新时代,将立

作者简介:赵芸逸,男,华中师范大学讲师,华中农业大学硕士研究生,主要从事思想政治教育研究。

德树人贯穿于社会主义教育事业的全过程，是保障国家人才强国战略实施、助力中华民族伟大复兴中国梦实现的时代选择和必由之路。

要实现将立德树人贯穿于社会主义教育事业全过程，关键在于建设一大批"有理想信念、有道德情操、有扎实学识、有仁爱之心"的教师团队。师范生作为准教师，是党和国家为振兴教育事业而培养的重要师资人才，其培养工作也是当前教师队伍建设的重点。在师范生入学、求学、毕业的全过程，对师范生开展全面、连贯、深入的立德树人教育，是师范院校人才培养的基础性工作，也是新时代教育改革、社会主义教育事业长效有序发展的重要着力点。

作为培养社会主义建设者和接班人的百年大计，习近平总书记高度重视立德树人作为教育中心环节的作用发挥，并对其发表了一系列精彩论述。当前国内对于习近平总书记关于教育工作的重要论述的解读详细而深入，对于立德树人在推动社会主义教育事业发展、指导教师队伍建设方面的研究较多，也有部分专家学者和教育工作者从长远出发，针对师范生这一未来教师群体，从社会主义核心价值观培养、师德养成教育等方面，研究立德树人融于师范生教育的重要意义和现实路径。随着国家对于立德树人教育要求的日益专业化和具体化，建立立德树人评价体系，并以评价体系为指挥棒指导师范生培养，从而将立德树人这一根本任务落到实处，是今后一段时间内教育研究领域和师范院校人才培养的方向之一。

一、以立德树人贯穿于师范生培养评价体系的意义

2018年5月2日，习近平总书记在与北京大学师生座谈时指出："要把立德树人的成效作为检验学校一切工作的根本标准，真正做到以文化人、以德育人，不断提高学生思想水平、政治觉悟、道德品质、文化素养，做到明大德、守公德、严私德。要把立德树人内化到大学建设和管理各领域、各方面、各环节，做到以树人为核心，以立德为根本。"[2]评价体系作为检验立德树人成效的前提，如何将立德树人贯穿于评价体系，如何以评价体系为指挥棒，全面推进立德树人工作，在社会主义现代化教育事业建设中具有重要的理论意义和现实价值。特别是针对师范生这一准教师群体，师范院校如何将立德树人贯穿于师范生评价体系和培养的全过程，对于贯彻落实国家人才强国战略、全面深化教育改革、促进师范生自身成

长成才具有重要的作用。

在国家层面，将立德树人贯穿于师范生培养评价体系是实现国家人才强国战略的必然选择。当今国与国之间的竞争，本质上是科技和人才的竞争，而具有坚定不移的政治方向是人才的基础。在我国教育事业建设特定阶段，政治性缺失一度导致人才外流等问题。将立德树人作为教育的根本任务，坚持立德树人视域下社会主义核心价值观的培养，坚持党管教育，才能将人才强国战略稳步推进，为实现中华民族伟大复兴的中国梦提供源源不断的智力支持和青年力量。师范生作为国家重点储备师资力量，将立德树人贯穿于师范生培养评价体系，增强师范生社会主义核心价值观培养，将为人才培养明确方向。同时在师范生走上教师岗位后，通过言传身教，可以将立德树人传递到每一个年龄段的青少年心中。

在教育层面，将立德树人贯穿于师范生培养评价体系是深化教育改革的时代要求。2016年12月，习近平总书记在全国高校思想政治工作会议上指出，高校立身之本在于立德树人，只有培养一流的人才，才能成为一流的高校。一流的人才需要有坚定的政治信仰，将立德树人贯穿于师范生培养评价体系，提升学生的政治素养和理想信念，是师范院校培养一流人才的重要举措，也是回归教育本质的时代召唤。把立德树人贯穿于思想政治教育工作，将思想政治教育工作贯穿于教育教学全过程，就要重视、建立并落实立德树人评价体系。基于立德树人评价体系，师范学院才能从根本上解决教育评价指挥棒的问题，对标自查、开拓创新，进而深化教育改革，开创高等教育新局面，培养"有理想信念、有道德情操、有扎实学识、有仁爱之心"的新时代"四有教师"。

在师范生发展层面，将立德树人贯穿于师范生培养评价体系是师范生个人成长发展的重要基础。"国无德不兴，人无德不立。"对于师范生而言，"德"首先应是社会公德，而社会公德是一个人安身立命之所在。除社会公德外，立德树人之"德"也指教师师德，是师范生提高就业竞争力的重要助力。对师范生来说，教育情怀、教学知识、教学技能三方面决定了师范生的专业化水平，其中教学态度是核心与关键，教学知识是前提与基础，教学技能是条件与保障，三者紧密联系，共同构成师范生的就业竞争力。一位优秀的人民教师，必须是一位有温度、有情怀的教师，在当前就业市场，越来越多的学校也将基于教育情怀之上的师德作为招聘时考察的重要部分。走上工作岗位后,教师师德是教师个人发展、站稳讲台、走的更远的核心竞争力之一。师范生的师德培养是落实立德树人的起点和基石。只有心中有对学生的爱和对教育事业的爱,关心学生的成长进步,影响学生的人格塑造,帮助学生形成良好的行为习惯和高尚的道德情操,培养学生健康的心理品质和健全的精神体魄,同时深刻认识到办好人民满意教育的时代意义,并对工作投入极大的责任感和工作热情,热爱教师职业,维护职业荣誉,才能在教师职业上有更长远的个人提升和发展,才能在三尺讲台为落实立德树人这一教育根本任务做出更大的贡献[3]。

二、立德树人贯穿于师范生培养评价体系的现状

进入新时代,国家高度重视立德树人这一教育根本任务,如何将立德树人贯穿于师范生评价体系中,受到了越来越多师范院校的重视和关注,也有更多的师范院校在实践中探索将立德树人贯穿于师范生培养评价体系,并取得了一定的成效。虽然当前国内教育领域关于立德树人在教师队伍培养中的作用方面的理论研究和实践探索较多,也有部分师范高校着眼未来,将立德树人教育贯穿于准教师——师范生群体的培养,但关于立德树人贯穿于评价体系的研究相对较少,立德树人贯穿于师范生培养评价体系方面的研究更为缺乏。在文献梳理和经验总结的基础上,笔者认为立德树人贯穿于师范生培养评价体系方面的研究主要存在以下问题:部分师范院校以及教育工作者对于立德树人贯穿于师范生培养评价体系认识程度不足、相应的制度建设不健全、评价体系的落实不彻底等。

当前国内部分师范院校对于立德树人贯穿于师范生培养评价体系认识程度不足。一方面,长期以来,国家对于立德树人的要求主要侧重于面向在职教师,而对作为未来教师的师范生的要求较少;另一方面,师范院校重视教学知识、师范技能的培养,目的是短时间内使师范生竞争力得到提升,而实际上未能将立德树人的根本任务贯穿于师范生培养中,师范生在教育情怀方面得到的教育和引领不足。同时,国内关于立德树人的研究侧重于政策的解读和途径的构建,对于如何建立评价体系、判断立德树人工作落实的效果方面研究较少,对于立德树人如何贯穿于师范生培养评价体系研究和应用更是缺乏。

在立德树人贯穿于师范生培养评价体系中缺少系统的规划和科学的构

建。评价体系作为指挥棒,对于立德树人这一教育的根本任务在师范生培养的贯彻中有着显性的指导和隐形的浸润作用,但当前立德树人贯穿于师范生培养的评价体系构建中,存在着种种问题。首先是在当前师范生评价体系中,立德树人的缺位,或权重较低。在当前师范院校教学管理工作中,作为对学生最具约束力、激励作用之一的评优评先条例,占据主要作用的还是学习成绩、学生工作参与、学生获奖等方面,而在师范生的社会公德、教师师德等方面的考核,则缺少相应的量化,考核较为笼统甚至没有考核。其次是在现有的评价体系设计中,立德树人对于师范生与非师范生的要求并没有显著的差异,设计过于扁平化,没有足够的区分度,无法使师范生认识到将来作为教师和其他职业的区别,导致部分师范生专注于专业知识和师范技能的提升,而对潜心教育、踏实教学的态度不足。

在立德树人贯穿于师范生培养评价体系的执行中存在痼疾顽症。立德树人在课堂考核方面,课程教学和实践教学存在一定的脱节,甚至是完全缺少实践教学环节,导致师范生对于立德树人的深刻内涵仅知之而未笃行,未笃行而致非信。执行方法过于陈旧,部分师范院校在将立德树人贯穿于师范生培养评价体系的过程中,仅注重规章制度的解读,而缺乏生动的案例,特别是与现代信息化手段脱节,难以达到预期的教学效果。同时针对师范生这一"准教师"而"非教师"群体,评价体系执行监管过程较为宽松,执行中缺乏有力的推进,或过于流程化导致评价体系无法得到应有的发挥。除此之外,也存在部分师范院校教师在师范生师德相关课程中有敷衍怠慢的教学心理,师范生在学习中存在应付学分需要、功利化现象严重等问题[4]。

三、立德树人贯穿于师范生培养评价体系路径的构建

面对国家对于进一步加强师德建设的要求、师范高校对于落实立德树人这一教育根本任务的需要,以及日异月更的社会环境对于师范生自身价值观的挑战,将立德树人贯穿于师范生培养评价体系,从思想认识上、制度制定、方法落实三个方面,建立三维矩阵,构建立德树人贯穿于师范生培养评价体系路径,培养"有理想信念、有道德情操、有扎实学识、有仁爱之心"的新时代"四有教师",是落实人才强国战略、推进教育改革、促进师范生成长的重要举措。

在思想认识维度，教育主管部门和师范院校需要对立德树人贯穿于师范生培养评价体系的现状、意义、深层次内涵具有清晰的认识，将立德树人贯穿于师范生评价体系与实现中华民族伟大复兴的中国梦紧密联系，在国家、高校、教师等层面提升认识、采取措施，提升立德树人评价体系在师范生培养中的融合程度。在国家层面，可以在立法层面，从师范生毕业、就业、晋升等角度出发，对立德树人评价体系进行明文要求；在高校层面，作为师范生培养的主体，师范院校可以在新生入学教育中设置师德教育环节，并要求学生完成相应课题，通过考验才能进入下一阶段的学习，从源头上把关，同时提升学校和学生对于立德树人的认识程度。在学生层面，师范生应深刻明白立德树人贯穿于评价体系对于国家教育事业发展、教师队伍建设、自身成长成才的重要意义，将立德树人评价体系作为自我约束的准绳和学习上进的标杆，同时做到勤于对标自查，努力提升自身师德水平和教学技能。

在制度建设维度，科学规划立德树人评价体系是将其贯穿于师范生培养评价体系的基础。在规划立德树人贯穿于师范生培养评价体系时，需要深入研究习近平总书记对于立德树人这一教育根本任务的阐述，也要融会贯通《教师教育振兴行动计划（2018—2022）》《中共中央国务院关于全面深化新时代教师队伍建设改革的意见》等重要文件精神，同时结合新时代师范生的特质和培养经验，从而做到制度建设既有理论底蕴，又有经验底气；既和国家教育的大政方针、时代要求相匹配，又和师范生时代属性、学习生活规律相吻合。评价体系的制定也需要与师范生系统化、常态化的管理机制相配合，例如利用校园场景、自媒体等开展丰富的师德教育活动，完善活动参与机制，鼓励、督促学生参加，形成师德教育场域。评价体系的制定也需要合理安排师德师风培养在师范生评价中的权重，例如在师范生培优评先时，可以对师德方面理论学习和实践活动次数有明确的要求，对立德树人相关教育所占的权重有合理的提升，从而形成点线面全面结合的评价体系，营造奖惩并举的立德树人教育氛围。

在制度执行层面，将立德树人贯彻于师范生培养评价体系，既要有严格的执行，也要有灵活的方法。例如针对师范生开设师德教育课，严格规定学生参与师德教育的次数、作业情况，在评优评先、入党推优中对师德教育课程不合格的师范生实行一票否决制；同时在专业课程学习中，将与立德树人相关的学习、实践纳入课程考核中，予以一定的加分鼓励，综合发挥指标体系的激励作用和惩戒作用，使"立德树人"评价体系作为指挥棒，引导师范生坚定职业理想、提升师德水平。另一方面，将立德树人贯彻于师范生培养评价体系也需要灵活多样的方法，比如理论教育与社会实践相结合、价值导向与情感教育相结合、传统手段与新媒体技术相结合等，同时为师范生配备师德导师，或邀请中学一线名师，开展中学名师面对面活动，从而引导师范生坚定教育理想，增强职业认同，形成良好师德师风。

参考文献：

[1] 习近平.坚持中国特色社会主义教育发展道路　培养德智体美劳全面发展的社会主义建设者和接班人[N].人民日报,2018-09-11(01).

[2] 习近平.抓住培养社会主义建设者和接班人根本任务　努力建设中国特色世界一流大学[N].人民日报,2018-05-02(01).

[3] 武治国."立德树人"视域下师范生社会主义核心价值观培育的重要意义和现实路径[J].信阳师范学院学报:哲学社会科学版,2019,39(03):60-63.

[4] 曹昆鹏.新时代师范生师德养成教育策略研究[J].兰州教育学院学报,2018,34(12):93-94.

高校立德树人评价机制的构建逻辑和实施策略

王 荣

（华中师范大学，湖北 武汉 430079）

摘　要：高校构建立德树人评价机制必须深刻认识其重大意义，构建高校立德树人评价机制是贯彻落实高校立德树人根本任务的必然要求，是有效提高高校思想政治工作质量的应有之义，是切实促进高校学生自由全面发展的现实需要。构建高校立德树人评价机制要遵循以高校思想政治工作为主导的方向性评价机制，以高校课堂教学改革为基础的根本性评价机制，以高校社会实践教育为架构的多样性评价机制，以高校"三全育人"格局形成为目标的全面性评价机制四方面的基本逻辑。在此基础上，为推动高校立德树人评价机制的构建，应促进高校教学、行政形成立体化评价格局，运用信息技术创建高校智能化评价模式，促进高校师生互动生成反馈式评价链条。

关键词：立德树人评价机制；构建逻辑；实施策略

国无德不兴，人无德不立。德具有根本性、引领性的作用。党的十八大以来，党中央围绕培养什么人、怎样培养人、为谁培养人这一根本问题，提出把立德树人作为教育的根本任务，如何对高校落实立德树人根本

基金项目：本文系国家社科基金"大数据时代大学生思想政治教育创新研究"（17BKS127）的阶段性成果。

作者简介：王荣，华中师范大学马克思主义学院2019级博士研究生。

任务情况做出评价，需构建高校立德树人评价机制。评价机制是引导高校立德树人工作的指挥棒，有利于增强高校立德树人工作的自觉性、主动性和紧迫性。

一、构建高校立德树人评价机制的重大意义

构建高校立德树人评价机制，从国家层面出发，有助于培养德智体美劳全面发展的社会主义建设者和接班人；从学校角度计划，有利于推动一流大学和一流学科的建设；从学生发展考量，有益于学生实现自由全面的发展。

（一）贯彻落实高校立德树人根本任务的必然要求

高校立德树人评价机制的构建，有利于推动学校培养一流人才，构建"双一流"。"高校立身之本在于立德树人。只有培养出一流人才的高校，才能够成为世界一流大学。"[1]我国独特的历史、文化和国情，决定了我国必须坚持走中国特色的高等教育发展道路，扎根中国大地办中国特色社会主义高校。我国社会主义高校始终坚持把立德树人作为根本任务，坚持高等教育为人民服务，为中国共产党治国理政服务，为巩固和发展中国特色社会主义制度服务，为改革开放和社会主义现代化建设服务，努力培养担当民族复兴大任的时代新人，培养德智体美劳全面发展的社会主义建设者和接班人。我国高校虽被经济社会发展赋予多方面的功能，但最根本的还是立德树人、培养人才，其他功能服务于立德树人根本目标。我国高等教育的人才培养与其他教育阶段相比，突出表现为人才培养的高级性和专门性，培养德才兼备的、引领未来发展能力的一流人才。教育强则国家强，高等教育是一个国家发展水平和潜力的重要标志。为把我国从高等教育大国建设成为教育强国，党中央做出加快建设世界一流大学和一流学科的战略决策，始终坚持把立德树人作为中心环节，并"把立德树人的成效作为检验学校一切工作的根本标准"[2]，高校立德树人评价机制的构建为检验学校人才培养成效提供依据，推动了"双一流"建设。

高校立德树人评价机制的构建，为检验高校落实立德树人根本任务成效提供了标准。高校始终肩负着立德树人的重任，始终把立德树人内化到大学建设和管理的各领域、各环节、各方面，坚持"以文化人、以德育人，不断提高学生的思想水平、政治觉悟、道德品质、文化素养"[3]。高

校立德树人根本任务是否取得成效，则需要通过构建立德树人评价机制来衡量。根据高校立德树人根本要求，通过对高校完成立德树人根本任务的要素和维度进行选择，确立评价指标体系，形成评价标准，进而对相关指标进行测量、对比、分析，作出评价。高校立德树人评价机制的构建，回应了现行高校立德树人评价缺失的现状，"扭转不科学的教育评价导向，坚决克服唯分数、唯升学、唯文凭、唯论文、唯帽子的顽瘴痼疾，从根本上解决教育评价指挥棒问题"[4]，形成了德才兼备、以德为主的评价机制。在对德与才的关系认识上，司马光在《资治通鉴》中指出："才者，德之资也；德者，才之帅也。"德与才辩证统一，二者相辅相成，德才兼备，以德为先。同样，高校人才培养也要坚持育德与育才的统一，而育德是本。高校立德树人评价机制的构建，为检验高校落实立德树人根本任务成效提供依据，而评价成果的呈现，能促进学校不断深化教育体制和教学管理改革，进一步助推高校立德树人根本任务更好地落实。

（二）有效提升高校思想政治工作质量的应有之义

立德树人是推进新时代思想政治工作的理念遵循，立德树人评价机制能推进新时代高校思想政治工作落地生根。习近平在全国高校思想政治工作会议上强调"高校思想政治工作关系高校培养什么样的人、如何培养人以及为谁培养人这个根本问题。要坚持把立德树人作为中心环节，把思想政治工作贯穿教育教学全过程，实现全程育人、全方位育人，努力开创我国高等教育事业发展新局面"[5]，这就深刻阐述了高校根本问题与根本任务间的逻辑关系，为高校思想政治工作提供了立德树人的理念遵循，为高校立德树人根本任务的落实提供了路径指导。我国高校是党领导下的高校，是中国特色社会主义高校。开展思想政治工作是高校坚持马克思主义，坚持党的领导，坚持社会主义办学方向，坚持我国高校特色的关键。思想政治工作从根本上说是做人的工作，高校思想政治工作必须要不断提高学生的思想素质、政治水平、道德品质、文化修养，把学生培养成德才兼备的社会主义人才。思想政治工作坚持立德树人的思想指导，是保证高校社会主义属性，培养全面发展人才的前提。立德树人评价机制的构建，能有效检验高校思想政治工作人才培养的成效，激发思想政治工作者完善工作机制，改善工作方法，为推进思想政治工作创新和质量提升增添底气。

高校立德树人评价机制的构建，对思想政治工作者提出更高的要求，能有效提升思想政治工作质量。人才培养，教师是关键。教师队伍的素质直接影响高校的办学水平和办学方向，影响高校立德树人的成效。培养社会主义建设者和接班人，需要建立能担当此重任的"有理想信念、有道德情操、有扎实学识、有仁爱之心"[6]的教师队伍，其中思想政治教育工作者是这支育人队伍中的主体。人才培养的成效，需要通过立德树人评价机制来检验，对教师尤其是思想政治教育工作者也提出了新要求。一方面，对思想政治工作者的政治道德素质和知识能力水平提出高要求。教师是人类灵魂的工程师，承担着培育人才的重任，尤其是思想政治工作者要自觉接受教育，坚定理想信念，加强品德修养，用高尚的人格魅力感染学生；培养艰苦奋斗精神，提升理论功底，增长知识见识，用真理的力量感召学生。另一方面，对思想政治工作队伍建设提出严要求。高校思想政治工作队伍要兢兢业业，甘于奉献，培养出一大批杰出人才。高校要"整体推进高校党政干部和共青团干部、思想政治理论课教师、辅导员班主任和心理咨询教师等队伍建设"[7]，加强思想政治工作队伍的完整性；拓展选拔视野，加强实践锻炼，从制度上解决好思想政治工作者的职务和待遇问题，完善管理考核制度，既要保证这支队伍源源不断，又要稳步提升这支队伍的工作质量；此外，要促进思想政治工作者和专业课教师队伍协力培养全面发展的社会主义建设者和接班人。高校专业课教师也肩负着立德树人的重任，思想政治工作者应与专业课教师加强沟通，发现问题，分享经验，在交流中提升工作质量。

（三）切实促进高校学生自由全面发展的现实需要

高校立德树人评价机制的构建对高校学生提出全面发展新要求。每个人自由全面发展是马克思主义哲学的核心概念，也是马克思主义理论的价值追求。"大学是立德树人、培养人才的地方。"[8]高校立德树人根本任务回答了我们教育要培养德智体美劳全面发展的社会主义建设者和接班人，即自由全面发展的高校大学生。立德树人评价机制的构建要求学校要改革完善考核制度，教师要改进教学内容方法，着力促进学生全面发展。新时代高校对学生的培养既注重知识和真理的传播，又重视思想和道德品质的塑造，将学习成绩、能力素质以及道德水平结合起来对学生进行综合考核。但存在部分学校设置一些硬指标量化评估检查，导致一定程度上与立德树人培养目标的偏差，如高度重视学生知识能力的培养，道德素质的教育停留在理论宣传层面；注重对学生学术水平、科研成绩方面的考核，忽略对学生的道德品质、文化素养、身体素质、艺术情操等方面的培养。随着社会转型期各种矛盾的凸显，部分教师职业倦怠严重，放弃潜心问道转而追求名利，对学生的培养从指标性、功利性成果考核出发，忽视学生其他方面的发展。受考试制度和功利性的评价制度的影响，高校中存在学生一心埋头学习，忽视社会实践和文化活动的参与等现象。立德树人评价机制的构建对学生提出了德智体美劳全面发展新要求和新目标，为学生发展提供新指引。

高校立德树人评价机制的构建为高校学生自我发展提供依据。立德树人评价机制通过一系列的评价指标、评价方法、评价制度、评价程序等开展对立德树人根本任务成效的考核，这些细分的评价标准为高校学生对照自身、自我发展提供指导。高校学生自由全面发展，不仅依靠学校浓厚的氛围、完善的制度和教师持续的推进，还依靠学生自觉主动的培养。高校学生首先要树立全面发展的思维，从满足自身获得感、增强社会竞争力、为实现社会主义现代化建设和中华民族伟大复兴中国梦等多角度认知全面发展的重要性和必要性；其次要坚定理想信念，厚植爱国主义情怀，发扬艰苦奋斗精神，强化全面发展的信念和意志；此外要将全面发展的思想理念付诸实践，自觉参加多样性的实践活动，有目的地提升德智体美劳素质综合发展。

二、构建高校立德树人评价机制的基本逻辑

评价机制发挥着风向标的作用，高校立德树人评价机制是学校一切工作的衡量标准。高校构建立德树人评价机制，首先要保证评价机制方向的正确，坚持以高校思想政治为导向的方向性评价；其次要明确评价机制的主阵地，坚持以高校课堂教学为基础的根本性评价机制；再次要促进评价机制实施方式确当，坚持以高校社会实践为架构的多样性评价机制；最终形成全员全方位全过程的立德树人格局。

（一）以高校思想政治工作为主导的方向性评价机制

立德树人评价机制必须保证正确的政治方向不动摇。高校立德树人必须要坚持正确的政治方向，立德树人工作在何种程度上遵循或者偏离方向

性，与立德树人评价机制密切相关。立德树人评价机制具有鲜明的价值导向性，它可以引导高校立德树人工作和活动的科学开展。只有导向正确，才能防止立德树人工作出现偏离和失效，从而使立德树人的根本任务按照党和国家提出的根本要求有效落实。立德树人评价机制坚持正确方向不动摇，要始终坚持党的领导不动摇，始终坚持马克思主义的指导不动摇。我国高校是党领导下的社会主义高校，加强党对高校一切工作的领导是办好中国特色社会主义高校的保证。"思想政治工作是学校各项工作的生命线，各级党委、各级教育主管部门、学校党组织必须紧紧抓在手上。"[9]高校立德树人评价机制要确保社会主义方向，在学校党委组织领导下构建，在开展思想政治工作中全方位落实。"马克思主义是我们立党立国的根本指导思想，也是我国大学最鲜亮的底色。"[10]高校立德树人工作在马克思主义的指导下，坚持不懈地宣传马克思主义理论，抓好马克思主义教育，帮助大学生深化对马克思主义基本原理的认识，掌握科学的世界观和方法论，教会大学生用马克思主义的立场观点和科学方法认识世界、分析事物，成为新时代坚定的马克思主义者。立德树人评价机制的构建也必须要坚持马克思主义的指导，坚持科学性和真理性统一，坚持评价方针整体性与分类性统一，坚持评价内容理论性和实践性统一，坚持评价过程的长期性和持续性。

为保证立德树人评价机制的方向性，要充分发挥思想政治工作的引领作用。习近平在全国高校思想政治工作会议上明确提出，"党委要保证高校正确办学方向，掌握高校思想政治工作主导权，保证高校始终成为培养社会主义事业建设者和接班人的坚强阵地"[11]，深刻揭示只有做好思想政治工作，才能抓住高校人才培养的方向和着力点，培养出德智体美劳全面发展的社会主义建设者和接班人。思想政治工作在立德树人过程中肩负重任，是立德树人的主渠道，确保了立德树人评价机制的社会主义方向。思想政治工作者为更好地完成培养人才的使命，在开展工作中必须始终坚持以学生为中心，遵循思想政治工作规律，遵循教书育人规律，遵循学生成长规律，不断提高自身的政治定力和思想道德素质，不断提升工作能力和水平。思想政治工作者作为立德树人根本任务的主要落实者，必然也是立德树人评价机制的主要构建者，高水平的政治定力和高素质的道德修养才能保证评价机制的方向性。

(二) 以高校课堂教学改革为基础的根本性评价机制

思想政治理论课课堂教学是构建和开展立德树人评价机制的主要阵地。高校课堂教学是落实立德树人根本任务的主渠道，同时也是检验立德树人根本任务成效的根本性场所，即构建和开展立德树人评价机制的根本性场所，其中思想政治理论课课堂教学是关键场所。习近平总书记在学校思想政治理论课教师座谈会上强调"思想政治理论课是落实立德树人根本任务的关键课程"[12]，思想政治理论课承担着对大学生进行马克思主义理论教育的任务、党史国情大政方针政策教育的义务、宣传社会主义核心价值观的使命。能否完成立德树人的目标，是检验思想政治理论课得失成败的主要标准。从现实看，人们对高校思想政治理论课立德树人的成效评价总体上较为主观，往往根据自己的判断做出评价。高校立德树人评价机制的构建需要通过科学客观研究，建立严谨的评价指标。评价指标的确立和评价体系的构建既要遵循党和国家立德树人的根本要求，还要从高校大学生的思想素质、政治能力以及道德水平等方面的实际状况出发，使评价标准高度和难度适中，既满足立德树人的要求，又能更好地促进立德树人目标的实现。思想政治理论课是认识高校大学生思想、政治、道德素质的主要途径，是制定评价标准的主要依据。进行立德树人评价的过程，就是获取思想政治理论课教学信息的过程，通过调查分析研究能较全面地呈现立德树人工作的现状、问题及改进建议。教育者和其他思想政治工作者通过对思想政治理论课育人信息归纳整理，进而能分析教学过程中的成效和存在的问题，做出客观评价，据此积极寻求改进策略，提升立德树人的工作水平。

其他课程课堂教学也对立德树人评价机制的构建和落实能发挥重要作用。思想政治理论课是落实立德树人根本任务的主阵地，"其他各门课都要守好一段渠、种好责任田，是各类课程与思想政治理论课同向同行，形成协同效应"[13]。立德树人不仅仅是思想政治工作者和思想政治理论课的事情，是全体教师和全部课堂的共同任务、共同目标。教师的职责使命是教书育人，教师不管承担何种课程的教学，其任务都不仅仅是传授专业知识和进行理论教学，还需要挖掘专业课中的育人资源，优化课堂设计，启发学生思维，启迪学生心灵，承担为国家培养社会主义人才的重任。随着社会思想环境的复杂变化，思想政治理论课与其他课程课堂教学协同育人显得更为重要。立德树人评价机制的构建同样需要依靠大学生在其他课程课堂教学中获取思想政治道德方面的相关信息，而立德树人评价机制的实施同样也需要在其他课程课堂教学中被落实、检验和完善。

（三）以高校社会实践教育为架构的多样性评价机制

构建以高校社会实践为基础的多途径评价机制。立德树人工作贯穿高校教育教学全过程，既要抓好课堂教学这个主渠道，又要注重以文化人实践育人，广泛开展形式多样的校园文化活动和社会实践活动。立德树人评价机制构建既要依靠课堂教学，还要以社会实践活动为依托。高校社会实践种类丰富，从实践活动主办单位来看，包括党委组织部、学工部、研工部、校友会、团委学生会等；从实践活动举办方式来看，包括专业学习、勤工俭学、社会调查、公益活动、择业就业、创新创业等；从实践活动开展场域来看，包括校内和校外等。高校开展立德树人评价应要从多类型的社会实践活动着手，全方面检验实践活动的育人成效。立德树人评价机制的构建要从多类型的社会实践活动中找寻评价指标、拓展评价方法、规范评价程序、完善评价制度。

构建以高校社会实践为基础的多主体评价机制。"人的本质在其现实性是一切社会关系的总和"[14]，高校大学生作为社会成员的一部分，必然会与校外的其他社会主体相联系，并给其他主体留下综合印象，反映高校立德树人成效，因而将其他主体纳入评价主体必不可少。高校社会实践既包括校内实践活动如军训跑操、勤工俭学和各类社团活动，又包括校外实践活动如社会调查、志愿活动和专业实习等。校内实践活动落实立德树人根本任务的成效主要依靠学校思想政治工作者和大学生进行评价，校外实践活动的成效就要依靠实践单位相关负责人进行评价，如企业的主管和人力资源、社区的主任和居民、实习学校的教师和学生等。社会实践活动育人成效的校内主体评价与校外主体评价共同构成多主体的评价机制，避免评价结果的片面性和不完整性。

构建以高校社会实践为基础的多角度评价机制。以高校社会实践为框架，对社会实践活动育人成效要从多角度进行评价。从育人成效角度评价，高校立德树人的根本任务是培育有理想、有本领、有担当的时代新人，即要从高校大学生德智体美劳素质是否全面发展开展评价。专业性的社会实践将理论知识运用于实践并通过实践进行检验，既深化大学生对专业性知识的认识，又发挥理论指导的实践作用。公益活动、志愿活动等类型的具有思想政治教育功能的实践活动，能提高大学生的政治素质、思想道德水平。各种文艺活动和体育活动，对大学生起到艺术熏陶、陶冶心灵、增强体质、锻炼意志等作用。从活动本身评价，即从活动目标、活动形式、活动参与度等方面评价实践活动的育人作用。社会实践活动具有较强的树人目的性，活动设计和形式如果能够从学生角度出发，并具有很强的新颖性，活动能充分调动教师和学生参与，将能很好地落实立德树人的根本任务。

（四）以高校"三全育人"格局形成为目标的全面性评价机制

以全员育人为基础开展全员评价。对高校整体落实立德树人根本任务的评价，要整合学校全员、全过程、全方位落实立德树人根本任务的情况。全员育人即要在遵循学生成长规律和教育规律基础上，调动校内一切可以调动的力量，构建全员参与的育人群体，指引学生思想成长。高校育人主体既包括思想理论课教师、专兼职辅导员、班主任、党团工作人员等主导力量，还包括各学科专业教师、行政管理人员、后勤人员，以及学校聘请的学者、校友和家长等。全员性要求全体教职人员树立育人意识，根据岗位属性、工作内容和服务要求完成差异性的育人任务，综合形成育人合力。育人的全员性决定了育人评价的全员性，既包括对各育人主体完成育人任务的评价，又包括各育人主体对大学生的全面评价。

以全程育人为基础进行全程评价。全程育人即立德树人工作融入教育教学全过程和学生成长全过程。育人全程性一方面指育人工作融入教育教学全过程，育人工作不只是思想政治教育工作者和思想政治理论课的任务，还应充分发挥专业课教师和其他课程育人的作用，实现全程育人效果的最大化；另一方面指育人工作覆盖大学生在校的全过程，依据学生不同阶段的成长规律和需求，以及教学和育人规律，有针对性地提供适宜学生发展的教学资源，实施思想政治教育。育人的全程性决定了育人评价的全程性，立德树人工作不是一堂理论课教学、一场社会实践活动就可完成，立德树人的评价不是一次就能完成，要随着教学过程和学生成长表现做出横向和纵向评价。

以全方位育人为基础实施全方位评价。全方位育人指育人工作空间上的全覆盖，涉及线上线下、课内课外、校内校外等领域，这些领域在立德树人中"处于不同层次、面临不同问题、依循不同逻辑,在目标、功能、资源、策略上各有侧重"[15],不同空间领域内教育资源优化整合,构建全方位育人平台。全方位育人首先指育人理念的全面性,以整合校内外教育资源,培养学生德智体美劳等方面均衡发展;其次指育人格局的全方位,学校各行政单位、思想政治工作单位以及学生组织协同配合;此外指育人平台的立体化,构筑"学校—家庭—社会"育人格局。全方位育人决定了全方位的评价机制,学校各职能部门既要各自对育人成效做出评价,又要互补互动,形成综合性评价;学校及时与家庭、社区以及其他社会组织综合融通,实现全方位评价格局。

三、构建高校立德树人评价机制的实施策略

高校立德树人评价机制的实施,离不开高校教学和行政部门的通力合作,营造全员全方位全过程评价氛围,形成立体化的评价格局。评价机制在实施过程中要注重方式的多样性,将传统与现代方法相融合,注重运用大数据等信息技术创建智能化的评价模式。评价反馈作为评价机制的最终和必不可少的阶段,应充分发挥学生的主动性,形成师生互动的反馈式评价链条。

(一)推动高校教学、行政形成立体化评价格局

高校革新传统的评价机制,构建新的评价标准和评价机制。高校立德树人评价机制的构建提供了高校落实立德树人根本任务的检验依据,指引高校立德树人教育工作的开展和改进,其构建要遵循"破"与"立"的原则。"破"即指破除现行评价机制中的顽瘴痼疾:一方面要破除高校在育人评价问题上的不科学。由于长期受应试教育的影响,部分高校和教师对学生的评价以分数、文凭和科研成绩为主,忽略对学生道德修养方面的评价,教师和学生道德失范的现象时有发生,影响个性化创新人才的培养。另一方面要破除高校立德树人机制在设计、落实以及反馈等方面的不健全。绝大多数高校重视立德树人,已建立立德树人评价机制,但存在机制设计主要为思想政治教育部门或者教务处单一部门规划,落实主要依靠课堂教学为主,反馈以简单考评分数呈现等问题。"立"即指构建立德树人的评价标准和机制。高校要深入落实党中央立德树人的根本任务,深化教育改革,改进评价标准,重视对教师和学生政治觉悟、道德水平和知识能

力等多方面综合素质的评价，将道德评价纳入评价标准，并摆在极其重要的位置。构建立德树人评价机制，首先要遵循德才兼备的评价标准，坚持为社会主义培养建设人才的评价导向，坚决与纷繁复杂的不良思想意识作斗争；其次要根据立德树人的根本任务和学生的实际道德水平，多方调研测试，制定科学合理的评价指标体系；再次学校相关部门要联动，遵循国家落实立德树人方面的要求，制定学校具体实施评价的主体和方法，制定有序的评价过程；此外要建立和完善立德树人评价制度规范，构建良好的评价环境。

高校各单位遵循规律，加强协同，推动构建立体化评价格局。高校立德树人工作是高校的立身之本，是检验学校一切工作的根本标准，其重要性必然要求学校各单位共同构建高校立德树人评价机制，协同完成立德树人评价任务，综合分析评价结果来建立长效评价机制，形成立体化的评价格局。高校党委要发挥统一领导作用，党政齐抓共管，将立德树人根本任务分解到各个部门、领域。立德树人评价机制构建牵涉部门较多，既包括组织部、宣传部、统战部、教务部、学工部、研工部等职能部门，又包括各教学单位，各部门和单位之间要加强在横向上的配合协调，在纵向上目标的一致性，共同构建立德树人评价机制。党委组织部门在听取各部门意见基础上全局谋划，制定完善的评价机制方针，各职能部门相互配合形成评价方案，如教务部门和学工部门配合设置立德树人理论课程和实践课程，宣传部门和学工部门合作开展立德树人文艺活动等，各教学单位依据评价方针和方案具体落实立德树人评价工作，并将评价反馈于学校党委和各职能部门，完善评价机制并建立长效机制，形成全校全员全过程全方位立体化评价格局。

（二）运用信息技术创建高校智能化评价模式

高校立德树人评价模式创建要遵循科学化原则。科学有效的高校立德树人评价机制是推动评价机制创新发展的重要内容，也是提高评价效率的基本遵循。首先要坚持政治性评价与专业性评价相结合原则。政治性关乎立德树人评价的性质和方向，立德树人评价要坚持社会主义方向，坚持正确的政治方向，在党的领导下进行。专业性关乎立德树人评价的内容和任务，高校开展立德树人工作旨在促进大学生知识能力、思想水平、政治觉悟、道德品质、身体素质等全面提高。其次要坚持客观评价与主观评价相统一原则。高校立德树人成效的客观评价通常指第三方评价，如教育部门、社会评估机构、专家小组进行评价，评价结果较为客观公正。主观评价是学校自审形成评价，包括组建评审小组开展评价工作和各单位教师做出自我评价，由于学校认识到立德树人工作落实现状，评价结果较为主观，因此要坚持二者的结合。其次还要坚持终结性评价和形成性评价相结合原则。终结性评价以最终的工作总结、调查问卷、深度访谈等为依据进行评价，形成性评价重视立德树人工作的具体过程和发展态势，从过程细微变化中做出全面评价。二者结合有助于多角度、全过程评价和反映立德树人工作的真实状况。此外要坚持定性评价与定量评价相统一原则。立德树人定性评价是对立德树人工作性质和本质的综合分析和评价，定量评价则是通过指标量化和数字表示形式呈现立德树人局部或全部成效，定性与定量评价相结合促进评价结果更具说服力。

运用信息技术创新高校立德树人评价多样模式。高校立德树人评价方式除了传统的调查问卷、谈心谈话、工作报告等形式，还要重视网络和大数据技术的运用，创新立德树人评价途径。当今社会网络充斥着人们的生活，尤其是随着互联网成长起来的高校大学生，网络空间是其生活的第二场所，因而对高校立德树人评价要统筹网上网下两类场域，既要从日常生活中做出评价，又要挖掘网络生活信息，做出全面评价。大数据理念和手段的广泛运用，改进了立德树人的评价方式，提供了技术支撑。大数据时代，大学生的思想和行为都可以通过数据形式表现出来，而学生的一系列思想和行为变化可揭示学生思想道德、政治素养，因而通过对大学生思想行为变化数据的挖掘分析可对立德树人工作做出评价。大数据及时性、大量性、多样性的优势为评价主体更加全面收集相关评价信息提供数据来源，评价主体通过大数据技术手段，将评价指标相关数据信息进行收集整合、分析挖掘，构建大数据评价模型，直观呈现高校立德树人评价结果，并据此改进立德树人评价机制和评价模式。

（三）促进高校师生互动生成反馈式评价链条

高校师生互动生成对学生"立德"评价。高校立德树人工作的主要目的是培养德智体美劳全面发展的社会主义建设者和接班人，其主要工作对象是高校大学生，因而，立德树人评价的主要对象是大学生，评价大学生是否具有坚持正确的政治方向，是否树立坚定的理想信念，是否遵循社会主义核心价值观，是否实现了个体自由全面发展。对学生道德品质和综合素质的评价，主要依靠教师根据学生课堂学习表现，课外实践活动参与，以及日常生活动态综合做出评价。而学生对自身道德行为变化的评价也应受到重视，学生思想道德和政治素养的变化有时并没有立即外化为行为而被教师认识，但是学生自己思想意识已发生转变，通过重视学生对自身的评价，既可以促进学生反省自身立德成效，也可以与教师评价相结合，使学生"立德"评价更加全面。

高校师生互动形成对学校及教师立德树人评价。高校立德树人工作的开展主体是高校和高校教师，因而，立德树人评价需要对高校和教师的工作效果做出评价。一方面是对师德师风评价，师德师风是影响立德树人工作的关键因素，师德师风评价是立德树人评价机制的主要内容。师德师风的评价主要考察教师是否政治性强，是否家国情怀深、思维新颖、视野宽广、自律性严、人格正直。另一方面是对立德树人工作的评价，如开展立德树人工作的重视度、目的、内容、方式等。对学校及教师的评价需要师生互动形成综合评价，教师审视自身在开展立德树人工作过程中的有效经验和存在的问题，对工作过程和育人效果做出自我评价；学生依据教师的教学过程和日常生活行为，对教师的知识素养、政治意识、道德品质、工作方式和工作效果做出评价并提出意见，为学校和教师改进立德树人工作提供可参考的见解。

综合高校师生互动评价反馈改进立德树人评价机制。高校构建立德树人评价机制，评价并不是主要目的，根本目的是促进高校立德树人的根本任务的落实，提高教师队伍教书育人能力，培养德智体美劳全面发展的社会主义建设者和接班人。通过综合对学生的"立德"评价结果和对学校及教师立德树人评价结果，对评价结果进行分析，发现高校立德树人工作中存在的问题和取得的成果，学校行政和教学部门及时做出改进，以便更好地开展和落实育人工作。此外，还要注重构建立德树人长效评价机制，将立德树人评价工作持续化和常态化，不断提升高校立德树人的水平。

参考文献：

[1][5][7][11][13] 习近平在全国高校思想政治工作会议上强调：把思想政治工作贯穿教育教学全过程　开创我国高等教育事业发展新局面[N].人民

日报,2016-12-09(01).

[2][3][6][8][10]习近平.在北京大学师生座谈会上的讲话[N].人民日报,2018-05-03(02).

[4][9]习近平在全国教育大会上强调:坚持中国特色社会主义教育发展道路　培养德智体美劳全面发展的社会主义建设者和接班人[N].人民日报,2018-09-11(01).

[12]习近平主持召开学校思想政治理论课教师座谈会强调:用新时代中国特色社会主义思想铸魂育人　贯彻党的教育方针落实立德树人根本任务[N].人民日报,2019-03-19(01).

[14]马克思恩格斯选集:第1卷[M].北京:人民出版社,1995:56.

[15]杨晓慧.高等教育"三全育人":理论意蕴、现实难题与实践路径[J].中国高等教育,2018(18):4-8.